DEVOLUÇÃO DE CRIANÇAS ADOTADAS

Um estudo Psicanalítico

MARIA LUIZA DE ASSIS MOURA GHIRARDI

DEVOLUÇÃO DE CRIANÇAS ADOTADAS

Um estudo Psicanalítico

PRIMAVERA EDITORIAL

SEDES SAPIENTIAE

Para Gabriel e Ana Carolina.

Agradecimentos

À Ana Maria Loffredo, pela orientação da pesquisa de mestrado que deu origem a este livro e pela disponibilidade em fazer o prefácio.

À Lucianne Sant'Anna de Menezes, pela leitura atenta do trabalho original e importantes sugestões para este livro. Seu genuíno interesse foi responsável por esta publicação.

À querida Ethel C. Battikha, pelo constante incentivo ao meu trabalho, pelo afeto e preciosa amizade.

Às amigas, Maria Salete Abrão, Cynthia Peiter e Maria Helena Hessel Pipponzi, pelo que partilhamos na vida e nas trajetórias com a adoção.

À Marcia Porto Ferreira e amigos do Grupo Acesso, com quem compartilho fecundas experiências no contexto da adoção.

Aos colegas e amigos do Curso de Psicossomática Psicanalítica do Instituto Sedes Sapientiae – SP, pelo constante incentivo e confiança.

À Nilde J. Parada Franch, pela sensibilidade e interesse com que acolhe meu desejo de conhecimento.

Um especial agradecimento ao Departamento Formação em Psicanálise do Instituto Sedes Sapientiae – SP. Berço da minha formação psicanalítica, em cujo espaço encontro reconhecimento importante de meus trabalhos com a adoção. O convite para publicação deste livro por meio de seu Setor de Divulgações faz-me sentir honrada.

Sumário

Prefácio 11

Introdução 17

| **A adoção no Brasil contemporâneo**........................ 25

| O processo de adoção: Procedimentos técnicos 31

| Sobre a devolução: Primeiras aproximações 33

| **O alcance do método e a pesquisa em psicanálise** 43

| Contextualização da pesquisa.. 47

| **Fragmentos da escuta clínica**................................ 53

| Betina e a armadilha dos sentimentos de altruísmo 53

| Elizabeth e Romeu: a infertilidade e
o enigma do feminino 61

| Iara e Serafim: a insuficiência da lei paterna e
as fantasias de roubo 69

| **Origens e adoção: busca ou retorno?** **77**

| A fantasia das origens / O filho da fantasia 83

| A inquietante estranheza do filho 89

| A infertilidade no contexto da adoção/devolução 93

| **Retomando os fragmentos da escuta clínica** **105**

| Betina 105

| Elizabeth e Romeu 110

| Iara e Serafim 115

Considerações finais 119

Referências 135

Prefácio

Ana Maria Loffredo
Profa. Livre-Docente do Instituto de
Psicologia da Universidade de São Paulo

Em um contexto em que a perspectiva interdisciplinar se impõe radicalmente para o trato com as formas proeminentes de sofrimento psíquico na atualidade, inserida no cenário de "famílias em desordem e identidades em suspense", este livro de Maria Luiza de Assis Moura Ghirardi traz uma contribuição fundamental para a pesquisa, a clínica e a transmissão da psicanálise. No bojo das peculiaridades relativas à reflexão psicanalítica sobre a questão da adoção e, mais especificamente, sobre a devolução de crianças adotadas, seu trabalho expressa o alcance de uma psicanálise comprometida com as demandas sociais concretas, que tem como suporte uma investigação favorecida pela ambientação acadêmica. Mais ainda, alimenta a reflexão sobre a interface da Psicanálise com o Direito por meio de uma temática que tem merecido um espaço muitíssimo restrito na literatura especializada.

Também nos permite perceber a atualidade da afirmação freudiana, proferida na 32ª das *Novas conferências introdutórias à psicanálise*: "Os problemas levantados pelo sentimento de culpa inconsciente, suas relações com moral, pedagogia, criminalidade e delinquência, são atualmente o campo de trabalho preferido dos psicanalistas" (FREUD, 1933/2010, p. 261)[1]. Proposição que se articula diretamente às suas reflexões sobre o atendimento psicanalítico no âmbito institucional, quando considera, em *Caminhos da terapia psicanalítica*, que então caberá ao psicanalista "adaptar nossa técnica às novas condições" (FREUD, 1919/2010, p. 292)[2].

A autora desenvolve com pertinência uma pesquisa que expressa os desdobramentos desse enunciado teórico-metodológico, na perspectiva da concepção de *clínica extensa*, conforme definida por Fábio Herrmann, em sua *Teoria dos campos*[3,4], e nos permite vislumbrar a dinâmica de interferências recíprocas entre investigação, tratamento e produção teórica, cujo imbricamento define o cerne da especificidade epistemológica da psicanálise. Seu trajeto demonstra a necessidade de que se viabilize a extensão do saber psicanalítico na direção da diversidade de demandas que o convocam, de tal forma que se priorize a pesquisa nas dimensões da elasticidade da técnica e da plasticidade do *setting*.

Esse empenho metodológico teve como motivação maior a necessidade de sistematização de uma experiência clínica de muitos anos por parte da autora, tanto no âmbito de consultório como no contexto institucional, atravessada pela questão da adoção, a partir dos vários ângulos implicados nesses atendimentos, recortando como objetivo maior a compreensão da "vivência

---

1 Freud, S. Novas conferências introdutórias à psicanálise. 32ª: Angústia e instintos. In: S. Freud, *Obras completas*. Trad. P. C. Souza. São Paulo: Companhia das Letras, 2010. v. 18. pp. 224-262. (Trabalho original publicado em 1933).

2 Freud, S. Caminhos da terapia psicanalítica. In: S. Freud, *Obras completas*. Trad. P. C. Souza. São Paulo: Companhia das Letras, 2010. v. 14, pp. 279-292. (Trabalho original publicado em 1919).

3 Herrmann, F. *Andaimes do real: Livro primeiro - o método da psicanálise*. São Paulo: Editora Brasiliense, 1991.

4 Herrmann, F. A travessia da incerteza – Sobre a clínica extensa no consultório. *Jornal de Psicanálise*, 2003, 36 (66/67), pp. 167-194.

subjetiva envolvida que pode levar os adotantes a desejarem devolver a criança" (p. 4).

Dessa forma, seu percurso delineia os vários eixos que sustentam o campo de tensões relativo ao processo de adoção e essa estratégia permite que se tracem alternativas para os conflitos que podem conduzir à devolução das crianças adotadas e seu retorno às instituições de origem. Para tanto, propõe-se a enveredar pelas operações psíquicas que lhe seriam subjacentes, não se furtando, portanto, ao desafio de tratar do terreno espinhoso implicado no desamparo, na rejeição e na culpa em sua articulação às problemáticas narcísicas, que atravessam de modo enfático os sujeitos enlaçados pela dinâmica desse intenso quadro de sofrimento, de ambos os lados.

Seu patrimônio clínico justamente permite à Maria Luiza transitar com desenvoltura pela multiplicidade de caminhos que se apresentam no decorrer da pesquisa, sem que se constranja com afirmações do tipo "Não é possível fazermos prognósticos confiáveis e adquirirmos garantias de que uma adoção será fecunda e criativa", ao mesmo tempo que, em contrapartida, possa sublinhar o alcance do método psicanalítico:

> Entretanto, uma escuta cuidadosa por todos aqueles profissionais que acompanham o processo da adoção pode favorecer o surgimento desses aspectos da subjetividade dos pais que colocam riscos para uma adoção, [desde que] os adotantes, ao serem acolhidos em sua angústia diante do desejo de devolução, expressam o alívio e até satisfação em constatar que "a devolução não precisa ser a única (e a última) saída para ultrapassar os intensos conflitos com a criança" (pp. 120-121).

Mas também é necessário levar em conta que, no limite, há "situações em que não se pode conter o *ato* da devolução e, também aquelas em que ela pode até se fazer necessária" (p. 121).

No bojo dessa área de atuação interdisciplinar, o trabalho traz uma contribuição relevante e consequente para os profissionais que trabalham no Judiciário e tem o mérito de demonstrar a necessidade de que as especificidades da Psicanálise e do Direito sejam bem delimitadas, como condição para a potencialidade do diálogo nas fronteiras conceituais entre ambas, veículo prioritário para o tratamento das demandas que inspiram a pesquisa.

Nesse quadro, deve ser destacada a ênfase dada pela autora, já no encaminhamento de sua considerações finais desse estudo, ao aspecto verdadeiramente fundamental relativo ao acompanhamento dos adotantes e das crianças à espera de adoção. Aqui se recorta, justamente, a especificidade da contribuição do psicanalista e de seu método de trabalho no conjunto dos atores e das modalidades de intervenção implicados no contexto desses cuidados de cunho interdisciplinar:

> [...] destaca-se a importância de considerar *o trabalho de acompanhamento aos candidatos à adoção* um campo aberto de escuta que possa viabilizar a palavra dos adotantes, suas angústias e temores. Pensando na importância de um acompanhamento que privilegia a escuta e possibilita a criação de narrativas sobre a experiência com a adoção. Acredita-se que o processo de habilitação dos candidatos supõe um acompanhamento sensível que por si só, poderia equivaler à "preparação para a adoção", aspecto obrigatório das novas regras da Lei de 2009 (p. 119).

Na mesma linha, também é necessário enfatizar "a importância fundamental do acompanhamento das crianças que estão à espera da adoção, daquelas que estão vivendo a transição entre o abrigo e a família adotiva e também daquelas que já estão inseridas no novo contexto familiar" (p. 120). Esse acolhimento, veiculado pela escuta nesse período de transição, facilitaria a possibilidade de algum grau de elaboração psíquica e, tanto do lado dos adotantes como das crianças, aponta para a questão do estatuto eventualmente *preventivo* do instrumental psicanalítico, temática que esse estudo apresenta de modo evidente.

Como se vê, esse empreendimento convergiu para um trabalho efetivamente significativo para o conjunto dos profissionais envolvidos com a problemática da adoção e cumpriu perfeitamente o que se espera de uma investigação que produza subsídios para as atividades de docência, pesquisa e extensão, componentes do tripé que norteia as atividades da universidade pública, que justamente deu acolhimento para sua realização.

Finalmente, é necessário destacar, para além das contribuições imediatas desse estudo de Maria Luiza de Assis Moura Ghirardi para seus pares, as novas, promissoras e fundamentais linhas de pesquisa que ele anuncia.

Introdução

Este livro é fruto de pesquisa de mestrado realizada no Instituto de Psicologia da Universidade de São Paulo sobre a devolução de crianças adotadas. Meu interesse no estudo sistematizado da experiência da devolução surgiu a partir das variadas situações que acompanhei no contexto da atividade clínica institucional em que a experiência com a maternidade e paternidade pela via da adoção eram reveladoras de sofrimento. Compreender então a vivência subjetiva envolvida que pode levar os adotantes a desejarem devolver a criança tornou-se o foco de meu interesse.

Desde 1996, o Grupo Acesso – Estudos, Intervenção e Pesquisa em Adoção da Clínica Psicológica do Instituto Sedes Sapientiae de São Paulo – vem se constituindo como um campo privilegiado de investigação clínica no tema da adoção. O atendimento a pais, crianças e adolescentes adotivos assim como outras intervenções realizadas em âmbitos diversos como assessorias institucionais, formação de educadores de abrigos, assessorias a Varas da Infância e da Juventude entre outros, vêm sendo desde então compartilhados com um grupo de psicanalistas. O alcance dessa experiência clínica institucional tem mostrado que a adoção, ao se constituir em uma forma de legitimação de filiação que é propiciada pela cultura e, portanto, sem intermediação da via biológica, traz em seu âmago mobilizações psíquicas específicas para todos os envolvidos: a família biológica que entrega ou abandona a criança, os pais adotivos e suas motivações para adotar e a criança que porta uma história de quebra e descontinuidade em seus vínculos originais.

Embora constatemos que experiências bem-sucedidas e criativas fazem parte de muitas experiências de adoção, no exercício clínico nos deparamos com as situações que trazem algum nível de sofrimento psíquico. Minha experiência vinha me mostrando que, muito frequentemente, o sofrimento experimentado pelos adotantes é consequência de expectativas extremadas depositadas na adoção e na criança, e, como decorrência, eles experimentam sentimentos ligados ao fracasso.

Ao longo dos atendimentos e das discussões clínicas efetuadas no Grupo Acesso, chamou a minha atenção a presença de casos de *devolução* da criança e do adolescente adotado. Estes haviam sido recolocados em um abrigo e a família adotiva já não mais fazia parte do universo daquela criança, isto é, os vínculos de filiação foram novamente rompidos para a criança. Recebíamos demanda para atendimento da criança, por meio da instituição em que ela estava acolhida ou então da Vara da Infância, por se preocuparem com as possíveis consequências, para a criança, da experiência vivida. Ao mesmo tempo, o retorno da criança ou adolescente para a instituição abrigo me parecia, algumas vezes, ter ocorrido demasiadamente rápido, culminando em um *desfecho avassalador para os conflitos familiares*. A Vara da Infância que recebia a queixa dos pais e seus motivos para devolver a criança via-se frequentemente aturdida pelos intensos sentimentos de rejeição presentes que, com frequência, não permitiam as necessárias reflexões. Seus profissionais técnicos identificados com a intensidade afetiva que o *desamparo infantil* mobiliza, tendiam a providenciar a imediata recolocação da criança em lares substitutos que, no Brasil, em geral, são abrigos. A família adotiva tentando apagar as marcas da relação afetiva da filiação desaparecera.

Em função dessas vicissitudes, o conhecimento obtido sobre a devolução apontava para a experiência subjetiva da criança ou do adolescente que estava em atendimento clínico. No entanto, os atendimentos por si sós não alcançavam uma compreensão dos *possíveis fatores envolvidos em sua determinação*. Uma vez que são os adultos os responsáveis pelo *ato* que culmina na devolução da criança, *interessei-me em compreender suas motivações inconscientes*. Meu interesse em compreender o tema da devolução tem como eixo a seguinte pergunta de ordem geral: O que leva alguns pais adotivos a desistirem de seus filhos por meio da devolução? A devolução aponta para o insucesso da adoção e expressões de violência, rejeição e frustração são experimentadas por todos aqueles que de alguma maneira vivenciam o processo ligado à devolução, sejam os adotantes, a criança ou o profissional que, em sua prática, depara-se com ela.

Ao lado do reconhecimento das dificuldades ligadas à experiência com a adoção, convive, no imaginário social, uma concepção idealizada da adoção. Ao viabilizar o acesso à paternidade/maternidade por outros meios que não o biológico, a adoção constitui-se como uma alternativa para a infertilidade. Ao mesmo tempo, embora seja uma medida encontrada pela cultura para a proteção da criança que se encontra em abandono psíquico e social, viabiliza, paradoxalmente, a crença em saídas que podem ser criativas, porém geradoras de expectativas irreais em relação a uma criança trazida para substituir outra que não pôde ser concebida. O registro da idealização no psiquismo não considera o conflito presente em toda relação humana.

A justiça não reconhece o conceito de devolução. Perante a lei, toda adoção é irrevogável e, portanto, devolver a criança adotada é considerado equivalente a abandonar um filho biológico. A única possibilidade prevista na lei é o retorno da criança, ou sua *restituição* durante o Estágio de Convivência, período em que os adotantes têm apenas a sua guarda e que antecede a decretação da sentença da adoção. Durante esse período, os adotantes podem desistir da criança a ser adotada em virtude de dificuldades encontradas na relação com ela.

Frequentemente, o procedimento adotado pelo Judiciário nos casos de devolução (e também nos casos de restituição) segue a tramitação das situações de abandono ou de entrega da criança: instaura-se um processo de destituição do poder familiar (ou cancelamento da guarda) e segue-se a concomitante colocação da criança em um abrigo.

Esse procedimento é praticado a despeito da irrevogabilidade da sentença da adoção e tem, de acordo com afirmações da juíza Rocha (1998), o objetivo de evitar a permanência da criança no núcleo familiar que a rejeita, vítima de maus-tratos, humilhações e abusos. A devolução assim oficializada é apenas uma entre muitas *devoluções* possíveis, entendendo-se a devolução como uma experiência que reedita, no psiquismo da criança, outras e antigas vivências ligadas à rejeição e ao abandono. Graças à consideração de que tanto a restituição da criança como a sua devolução são reedições de experiências ligadas ao abandono, este trabalho equipara a restituição prevista em lei à devolução. Guardadas as devidas proporções e diferenças que, sem dúvida, existem no plano legal, mas, sobretudo, no âmbito da experiência psíquica da criança, não se pode minimizar a importância da restituição durante o estágio de convivência. Tal conduta poderia representar a naturalização da reincidência presente e, portanto, as consequências advindas dessa medida para a criança devolvida. De qualquer modo, esse movimento retroativo reflete a possibilidade, sempre presente, de ocorrerem retrocessos e vicissitudes em todas as relações de cunho afetivo.

Considerando que o estatuto da irrevogabilidade da adoção não é suficiente para conter certos rompimentos do vínculo afetivo entre adotantes e adotados, minha pesquisa de mestrado teve como objetivo mais amplo, deixar contribuições para as reflexões necessárias dos profissionais técnicos que acompanham o processo de adoção, habilitando os adotantes, assim como respaldar práticas que se façam imprescindíveis no momento de confronto com situações de devolução.

A devolução é entendida por mim nesse contexto como uma experiência que *reedita,* no psiquismo da criança, experiências anteriores ligadas ao abandono. Considero, portanto, que tanto a *restituição* da criança como a sua *devolução* são *reedições* de experiências ligadas ao abandono, e por isso equiparo a *restituição* prevista em lei à *devolução,* considerando a *devolução* como todo retorno da criança a uma situação que lhe é anterior ao estabelecimento do vínculo com os adotantes e que, dessa forma, implica seu rompimento.

Considerei ainda como hipótese de trabalho, que a vivência em torno da devolução é um processo caracterizado por uma experiência que tem um estatuto psíquico e, nesse sentido, ultrapassa o *ato* da devolução e nem sempre recai sobre a realidade factual. Assim, a devolução é experimentada como uma *fantasia intrínseca* à vivência adotiva e dela faz parte, uma vez que o filho adotado, diferentemente do filho biológico, pertenceu antes a outros: seja a família biológica ou a justiça. A devolução é sempre um fato possível em algum momento e fantasiado em outro, constituindo parte da estrutura vincular da família adotiva e também do psiquismo de cada um de seus membros. A devolução é peculiar à experiência com a adoção, uma vez que o filho biológico nunca pertenceu a outros e, uma vez rejeitado, ele poderá vir a ser abandonado, nunca devolvido.

Dessa forma, para efeito do estudo, considerei experiências ligadas à devolução aquelas vividas pelos adotantes que, em qualquer uma das situações anteriormente citadas – adoção, estágio de convivência ou guarda – coloca em risco a permanência da criança junto à família substituta.

Por sua vez, a *fantasia de devolução* acompanha pais e filhos adotivos, e poderá surgir com maior ou menor intensidade, em momentos de conflitos com a criança. Apresenta-se de modo direto ou indireto, enlaçada a outras fantasias e experiências. Outra hipótese que norteou meu estudo foi de que nas situações de devolução os pais experimentam dificuldades para inserir imaginariamente a criança ou o adolescente na condição de filho, ficando reservado a eles um lugar de exterioridade.

Desse modo, as fantasias e as experiências dos adotantes relacionadas às origens da criança, ao *romance familiar*, às *fantasias de roubo*, à experiência de *inquietante estranheza* vivida com a criança, quando intensificadas, ganham força colocando riscos à necessária identificação dos adotantes com a criança, identificação necessária para viabilizar os processos psíquicos ligados à sua assimilação como filho.

Este estudo sugere que as fantasias de roubo da criança quando intensificadas, podem culminar na necessidade dos pais de devolver a criança, uma vez que tais fantasias portam o germe da devolução, sua contraparte.

Foi possível também constatar que a devolução se relaciona às dificuldades encontradas no exercício da paternidade e maternidade sendo que a presença da infertilidade intensifica os conflitos, gerando sentimentos de incapacidade devido à ferida aberta no narcisismo parental. Foi importante observar que há momentos de maior vulnerabilidade na relação pais/filhos adotivos, sobretudo, quando o surgimento das características indicadoras da singularidade da criança suscita fantasias e angústias nos pais, ligadas à radical alteridade da origem biológica.

A fim de situar a devolução no âmbito do Judiciário, teço no primeiro capítulo, breves considerações sobre a legislação da adoção na contemporaneidade do Brasil e sobre o processo da adoção. A seguir, destaco alguns fragmentos da escuta clínica, obtidos a partir de entrevistas com dois casais e uma adotante. Em seguida, desenvolvo algumas reflexões teóricas a partir das temáticas que apareceram nos discursos dos sujeitos entrevistados. Após este capítulo teórico, retomo os fragmentos clínicos para uma análise dos casos que inclui o repertório conceitual da psicanálise. Por fim, apresento minhas considerações finais acerca dos casos estudados deixando minha contribuição ao tema estudado. Convido o leitor a acompanhar minhas reflexões sobre um tema que desperta inquietude e estranhamento. O campo de estudo da devolução, referido às experiências ligadas ao desamparo, suscita expressões do funcionamento psíquico arcaico, das angústias inomináveis. Nesse sentido, minha pesquisa não pretendeu ser exaustiva e nem poderia. Por isso, ficam em aberto algumas questões que possibilitam a continuidade de novos estudos.

Entre a conclusão de minha pesquisa de mestrado e a publicação deste livro, seis anos se passaram. No decorrer desse tempo, acompanhei e participei pessoalmente de incontáveis grupos de discussão e formação continuada de profissionais que trabalham com a adoção. O tema da devolução vem sendo mais debatido, falado, nomeado e significado em diferentes âmbitos, sobretudo, no *Judiciário*. Este livro pode se alimentar dessas reflexões posteriores, uma vez que fiz pequenos acréscimos ao texto original para torná-lo atualizado. E, nesse aspecto, posso dizer que o trabalho de pesquisa atingiu uma parcela significativa de seu objetivo. Ao abrir espaços e colocar em reflexão a experiência com a devolução de crianças, pudemos dar voz e reconhecimento à sua ocorrência. Ocorrência permeada por intensas angústias despertadas pelo desamparo humano. Creio que esse é o caminho possível para criarmos um campo ampliado de escuta que permita a compreensão das angústias e que possibilite aos adotantes transporem conflitos e dificuldades que podem culminar na devolução da criança adotada.

A adoção no Brasil contemporâneo

Para entendermos o que ocorre no Judiciário nas situações de devolução, faz-se necessário antes compreendermos como se dão os processos de adoção. Porém, é necessária uma breve descrição do percurso da legislação nesse âmbito, com o intuito de contextualizar o tema na lei vigente no Brasil.

A adoção constitui uma das medidas legais[1] para a colocação em lar substituto a uma criança privada de família e propicia a ela refazer os seus laços de filiação (PAIVA, 2004). Na prática, ela ocorre desde o início das civilizações, pois sempre existiram mães que, por diferentes motivos e impossibilidades, abandonaram ou entregaram seus filhos. A adoção como uma possibilidade legal sempre existiu nos países em que a legislação seguiu o direito romano, no qual a linhagem e o patrimônio eram valores predominantes. Na Antiguidade, o objetivo da adoção era dar continuidade à família e não de encontrar uma família para as crianças abandonadas, modelo vigente na adoção chamada moderna (YAMA, 2004).

No Brasil, a adoção existiu predominantemente à margem dos procedimentos legais[2] e sua legislação seguiu as características

---

1 As outras medidas legais de colocação da criança são: a guarda, a tutela, o apadrinhamento afetivo, a família guardiã.

2 O sistema paralelo que coexistiu e ainda coexiste com a legislação é conhecido como "Adoção à brasileira", que consiste no registro direto da criança, mais comumente um bebê, como filho natural dos pais adotivos.

do direito português, também inspirado no direito romano (GRANATO, 1996).

A história da adoção no Brasil é efeito da história dos movimentos sociais vigentes, influenciando diretamente sua concepção e sua prática que foi sustentada ao longo do tempo por um sistema de valor predominantemente assistencialista e religioso. Inicialmente, esse sistema trazia vantagens para os adotantes, uma vez que as crianças órfãs ou abandonadas forneciam-lhes mão de obra gratuita assegurada por laços de afeição e reconhecimento (SILVA, 2001).

Foi em 1916 que a adoção apareceu no Código Civil, dando, a qualquer pessoa maior de 50 anos e sem filhos legítimos, a possibilidade de adotar. A exigência era de que a diferença de idade entre o adotando e adotado deveria ser igual ou superior a 18 anos. A adoção assim prevista não anulava o vínculo da criança com a família biológica; tratava-se apenas de uma transferência por escritura da tutela de um adulto por outro, legitimada por meio de um contrato de consentimento de ambas as partes.

Uma alteração na lei, em 1957, possibilitou a adoção àquelas pessoas com filhos legítimos, diminuindo a idade mínima dos pais adotivos para 30 anos e a diferença de idade entre eles para 16 anos. Contudo, apesar de a criança ganhar certa proteção com a lei, ela continuava em situação desfavorável em relação àquela legítima, pois havia a determinação que, na existência de um filho biológico nascido posteriormente à adoção, o adotado herdaria metade daquilo que coubesse ao filho legítimo. Caso houvesse um filho biológico antes de legitimar a adoção, o adotado não teria direito à herança.

Uma evolução da legislação relativa à adoção trouxe uma inovação importante, em 1965, conferindo ao filho adotado os mesmos direitos de um filho legítimo e, ao mesmo tempo, cortando toda ligação com a família biológica. A lei introduziu pela primeira vez a *irrevogabilidade* do laço de filiação adotiva, mas permaneceu inalterada a questão dos direitos quanto à herança.

Em 1979, o Código de Menores instituiu duas modalidades de adoção possíveis: a adoção plena (direitos iguais aos filhos legítimos) e a adoção simples (filiação adotiva revogável). Foi a constituição de 1988 que igualou os direitos dos filhos adotados aos biológicos. Dessa maneira, extinguiu as duas formas anteriores de adoção, buscando eliminar qualquer distinção legal entre filhos biológicos e adotados.

As leis mais atuais no Brasil, especificamente o Estatuto da Criança e do Adolescente (ECA), promulgado em 1990, colocam os interesses da criança como preocupação primeira. O principal objetivo do ECA é a proteção integral da criança e do adolescente, determinada logo em seu artigo primeiro.

O Estatuto fez novas mudanças e representou uma inovação na legislação, diminuindo a idade do adotante para 21 anos; confere a possibilidade de cidadãos adotarem independentemente do seu estado civil; adoções unilaterais (um dos cônjuges adotando o filho do outro); permite a adoção a pessoas divorciadas e àquelas que vivem em união estável; apresenta ausência de restrições em relação à herança, entre outras modificações e determinações importantes.

Em seu artigo 92/Princípio II estabelece: "esgotados os recursos de manutenção na própria família de origem, [a criança] deve ser integrada em uma família substituta". O interesse da criança torna-se central, na medida em que a adoção pretende sua reinserção em um núcleo familiar de modo pleno, em tudo igualando o filho adotado ao filho natural. A criança e seus interesses são as preocupações mais importantes e estão acima do desejo dos pais adotivos. Esse artigo do ECA não só prioriza os interesses da criança, mas também realça que a adoção como recolocação da criança em um núcleo familiar é uma alternativa possível somente após terem sido esgotados todos os recursos para mantê-la em sua família de origem.

Esse novo paradigma opõe-se a uma concepção anterior que visava a atender prioritariamente a pais que não conseguiam procriar seus próprios filhos e que desejavam garantir a sua descendência por intermédio da adoção. Concordamos com Vargas (1998) ao afirmar que, paradoxalmente, essas duas formas de pensar podem coexistir, desde que se possa considerar em primeiro plano os interesses da criança. Iyama (2004) enfatiza a importância de poder "também olhar para os interesses e preferências dos candidatos à adoção e, a partir desses dados, iniciar uma compreensão de suas motivações e do seu funcionamento psíquico" (p. 4).

A importância de valorizar os interesses dos candidatos significa considerar que, em relação ao filho que adotarão, eles são portadores de fantasias ligadas aos valores que foram construídos em relação à transcendência, à família e ao abandono (SILVA, 2001). É a partir desse reconhecimento que este estudo se dirigiu ao pretender compreender os fatores psíquicos dos pais que estão envolvidos nas relações afetivas por adoção e de que maneira esses fatores incidem sobre a *devolução* da criança. A lei que privilegia os interesses da criança deve ser igualmente sensível ao considerar a subjetividade dos adotantes envolvidos, uma vez que esta última constitui parte de um campo intersubjetivo onde se encenarão as experiências de cunho afetivo entre pais e filhos adotados.

Desde sua promulgação, o ECA (Lei 8.069 de 13/7/90) passa a ser a referência utilizada para legislar toda e qualquer situação relacionada à adoção de crianças e adolescentes. As *Novas regras para a adoção*, atualização mais recente do ECA promulgadas em 2009, traz algumas atualizações importantes que não caberia comentá-las neste espaço. Entretanto, uma novidade aparece no art. 50 § 3° e ela diz respeito à obrigatoriedade da preparação dos adotantes que deverá ser realizada pela equipe técnica da Justiça da Infância e da Juventude, preferencialmente com o apoio dos técnicos responsáveis pela execução da política municipal de garantia do direito à convivência familiar (Novas Regras para a Adoção. AMB, s/d).

A fim de situar o tema de estudo no contexto do Estatuto da Criança e do Adolescente destaca-se os dois pontos de abrangência da lei que se relacionam à devolução: a irrevogabilidade da adoção e o estágio de convivência.

O ECA determina, no art. 46, a necessidade da realização do estágio de convivência entre a criança ou adolescente com os adotantes. Esse período, prévio à sentença da adoção, tem como objetivo verificar a possibilidade de construção da relação afetiva entre adotantes e adotado. Diferentemente de leis anteriores, que estabeleciam um prazo fixo (de um ano pelo Código de Menores, para adoção plena), o ECA deixa a fixação do prazo critério da autoridade judiciária, que vai observar as peculiaridades de cada caso. O § 1° desse mesmo artigo ressalta que o estágio de convivência poderá ser dispensado se o adotando não tiver mais de um ano de idade ou, então, se estiver na companhia do adotante durante tempo suficiente para permitir a avaliação da conveniência e da constituição do vínculo. As novas regras (2009) no entanto, exige a tutela ou a guarda legal, não bastando *a simples guarda* da criança ou adolescente para que a autoridade judiciária dispense o estágio de convivência.

Durante o período de convivência, os adotantes possuem a guarda legal da criança, que é um instrumento jurídico de caráter provisório, destinado a regularizar a posse de fato. A guarda confere à criança a condição de dependente para todos os fins e efeitos de direito (art. 33) e pode ser revogada a qualquer momento, mediante um ato judicial fundamentado (art. 35). Em relação ao vínculo a ser estabelecido entre a criança e o adulto, a guarda caracteriza-se por ser esse momento inaugural e, como tal, traz em seu âmago as instabilidades e delicadezas do encontro humano.

Por ser toda adoção irrevogável (ECA, art. 48), a única possibilidade inserida na lei para que a *devolução* ocorra é durante o estágio de convivência. A devolução da criança é também chamada no âmbito do Judiciário de *restituição*, quando se dá antes de ser proferida a sentença de adoção, ou seja, durante o período da guarda. A despeito da irrevogabilidade da adoção, devoluções ocorrem como um fato e as razões para que o Judiciário tramite a sua ocorrência dizem respeito às tentativas de proteger a criança de maus-tratos eventuais recebidos pela família que a rejeita, de acordo com a juíza Rocha Matos. Nesse sentido, a devolução ou restituição do adotando torna-se eventualidade do processo de adoção e é conduzida pelos profissionais técnicos – psicólogos e assistentes sociais – que acompanham os trâmites da adoção. São esses profissionais que reavaliam as condições de permanência da criança no núcleo familiar, a possibilidade de desligamento da criança da família que mantém a sua guarda. A criança devolvida nessa situação retorna à instituição de abrigo e os adotantes, após terem a guarda revogada, poderão se candidatar à obtenção de outra criança, após avaliação do juiz quanto às circunstâncias que envolveram a devolução.

Constata-se que a irrevogabilidade da adoção não é suficiente para conter certos rompimentos do vínculo afetivo entre adotantes e adotados. Ao mesmo tempo, a abertura na lei para a possibilidade de restituição/devolução durante o estágio de convivência deixa implícitos dois aspectos importantes: a possibilidade de ocorrência de dificuldades na formação do novo vínculo da criança com os adotantes e também a possibilidade de o projeto de adoção sofrer um retrocesso:

> [...] o estágio de convivência tem como fundamentos permitir a adaptação da criança em seu novo entorno familiar e também favorecer o estabelecimento das bases afetivas entre a criança e o adulto. Por ser o momento inaugural da relação afetiva entre os adotantes e a criança, é acompanhado pela equipe psicossocial por meio de encontros periódicos. A sentença judicial de adoção será lavrada somente após ao termino do prazo estabelecido pelo juiz, prazo necessário para que os laços afetivos dentre adotantes a dotados possam se formar (AMB, 2008).

Assim, a ocorrência das devoluções, sejam elas amparadas ou não pela lei, realçam não apenas a importância do processo de seleção dos candidatos à adoção, como também ressaltam a importância do caráter das intervenções que se dão no momento agudo de conflitos sejam eles durante o estágio de convivência como na família adotiva. Conflitos que podem culminar na devolução da criança.

O processo de adoção: Procedimentos técnicos

Quem decide adotar uma criança dirige-se à Vara da Infância e da Juventude mais próxima do seu domicílio para inscrever-se como pretendente à adoção. Após receberem uma lista de documentos necessários para a continuidade do processo, os pretendentes inscrevem-se para as entrevistas com a equipe técnica da Vara da Infância e da Juventude, composta por psicólogos e assistentes sociais. Nesse momento, os candidatos descrevem as características da criança que desejam adotar (sexo, idade, cor, condições de saúde etc.), apresentam suas expectativas e motivações em relação à adoção e recebem algumas orientações. Aprovados pelo juiz, os candidatos passam a ser considerados aptos à adoção e entram no cadastro de pretendentes. Caso contrário, eles podem ser encaminhados aos serviços de atendimento à adoção que estão disponíveis, para um trabalho que visa à escuta e ao acompanhamento em relação ao sofrimento ligado à decisão de adotar. Esse encaminhamento realizado pela Vara significa uma possibilidade dos candidatos serem aprovados em outro momento, quando serão reavaliados em suas motivações em relação à adoção.

Na sequência, os candidatos aprovados esperam pelo estudo psicossocial de crianças abrigadas naquela comarca e então são convocados para uma nova entrevista, respeitando-se sua ordem de inscrição. Uma vez encontrada a criança que melhor se encaixa no perfil estabelecido pelos pretendentes, é feita uma aproximação entre as partes, no sentido de encaminhar a criança à família adotiva. O tempo de espera pela criança varia de acordo com a disponibilidade da criança pretendida, ou seja, o tempo de vida, sexo e aspectos relativos à sua posição legal, uma vez que há também os trâmites legais de destituição do poder familiar que a libera para ser adotada. Com o advento do Cadastro Único da Adoção, essa tramitação vem, paulatinamente, se modificando. Na medida em que o cadastro vem sendo implementado, as crianças disponíveis são buscadas não apenas na comarca em que os adotantes se cadastraram. Elas passam a fazer parte de uma lista integrada em âmbito nacional.

De qualquer maneira, a aproximação entre os pretendentes e a criança é feita por intermédio da equipe técnica da Vara, que acompanha os encontros e observa a interação ocorrida com vistas à sua colocação na família adotiva. É recomendável que essa aproximação seja gradativa, respeitando os momentos da criança em relação à sua separação do abrigo, que é muitas vezes seu único lugar de referência. Uma vez que a criança está colocada na família adotiva, esta possui inicialmente a sua guarda. É nesse momento que se inicia o chamado estágio de convivência. A sentença da adoção será promulgada após um tempo de convívio, sendo a família acompanhada esporadicamente pela equipe técnica da Vara, que relatará ao juiz a qualidade da relação percebida. É o juiz a autoridade competente para proferir a sentença que definirá e legalizará o vínculo de filiação por adoção. Nesse momento, é emitida uma nova certidão de nascimento para a criança e se apagarão as referências ligadas à sua história anterior. O apagamento que ocorre na certidão de nascimento é uma tentativa de evitar a discriminação da criança adotada, protegendo-a da exposição de sua condição. Paradoxalmente, esse mesmo procedimento abre a possibilidade para a ocorrência dos segredos e não ditos sobre uma história que pertence à criança e a singulariza.

Do ponto de vista legal, então, ela passa a ser reconhecida como filha legítima de outros pais. É a sentença da adoção que dá a legitimidade para essa nova filiação.

Sobre a devolução: Primeiras aproximações

De acordo com o Dicionário Aurélio (2004) *devolver* significa mandar ou dar de volta o que foi entregue, remetido, esquecido; restituir algo a alguém por não haver legitimidade sobre o objeto. Sugere também uma apropriação indevida de algo que se entende não lhe pertencer.

A devolução no contexto de uma adoção revela aspectos fundamentais do sujeito que devolve, da criança que é devolvida e também daquele que a recebe de volta. Ao colocar em xeque o estatuto da legitimidade sobre o objeto, a devolução revela, ao reverso, o cenário da adoção, cujos protagonistas são a família biológica, a criança e os adotantes.

Na origem de toda adoção estão como fundamentos, a entrega ou o abandono da criança e a motivação de alguém que a adota, inserindo-a em outra família, a substituta. Nesse sentido, ela parece começar sempre a partir de perdas: para a mãe que entrega o filho, para a criança que perde o vínculo com a família original e para os pais adotivos que vivem a infertilidade. Todas essas desordens estão ligadas às perdas que a cultura tentará ultrapassar por meio da legitimação de uma filiação simbólica.

A partir da definição dada por Aurélio, a palavra *devolução* traz também a conotação da presença de um possível *engano* quanto à apropriação do objeto, que deverá ser reparado por meio de seu retorno ao emissor. No caso da adoção, de que *engano* então se trataria? Os pais que devolvem a criança denunciam com seu ato que não se sentem legitimados em relação ao exercício da paternidade/maternidade daquele filho, apesar da sentença judicial que lhes propiciou esse direito. Ao instituir outro modo de filiação que não pela via do biológico, a adoção amplia o campo imaginário dos adotantes ao incluir outro par de pais, os que geraram a criança. O imaginário é o espaço privilegiado de vivências tantas vezes *equivocadas*, mas que podem se expressar por meio da convicção de *apropriação indevida* da criança.

A devolução da criança adotada instaura o rompimento da relação afetiva existente entre pais e filhos. No âmbito do Judiciário, refere-se ao fracasso daquela adoção, uma vez que falha a possibilidade de continuidade do vínculo anteriormente estabelecido. A literatura direcionada à compreensão de seus motivos é escassa no que tange à nomeação da devolução como o ápice de uma relação que é constituída por conflitos. Há muitos trabalhos encontrados que se referem às dificuldades da filiação adotiva, mas poucos que tratam diretamente da temática da devolução.

Em uma rara reportagem sobre o tema, realizada pela *Revista Época* e intitulada "Rejeitados", a Juíza Matos Rocha (2003) explica que a devolução é consequência de uma adoção mal construída desde o início e que a sua prevenção se daria a partir de uma melhor preparação das crianças e candidatos a pais adotivos. Ressalta que "as crises familiares costumam aflorar quando a criança entra em idade escolar ou na pré-adolescência, dois momentos em que questiona os pais e dá mostras de sua individualidade" (ROCHA, 2003, p. 93).

A experiência clínica corrobora que há momentos de vulnerabilidade na relação pais/filhos adotivos a partir do surgimento daquelas características indicadoras da singularidade da criança suscitando fantasias e angústias ligadas às origens do filho adotado. As questões da alteridade e suas dificuldades são encontradas também em famílias com filhos biológicos; no entanto, a adoção trará uma especificidade: a origem da criança remete imaginariamente os pais aos primórdios de suas motivações para adotar um filho, aos seus motivos e suas impossibilidades para conseguir o filho biológico. Um outro aspecto contido nas afirmações dessa profissional do Judiciário diz respeito à fantasia frequentemente encontrada na adoção e que se refere à idealização[3].

Sobre a devolução, encontramos duas pesquisas brasileiras. Ambas realizadas por psicólogas que desenvolveram suas

---

3 As questões ligadas aos *ideais serão abordadas no capítulo Origens e adoção: Busca ou retorno?*.

pesquisas na Vara da Infância e da Juventude da cidade em que trabalham.

A primeira pesquisa encontrada foi de Spina (2001) que, em sua dissertação de mestrado, descreve o caminho da devolução da criança/adolescente dentro de um processo de adoção. Esse trabalho dá visibilidade a como os profissionais na Vara da Infância lidam com a questão da devolução e como a criança participa desse processo. Esse estudo ressalta aspectos relevantes ao referir o contexto do Judiciário, lugar privilegiado das ocorrências.

Um primeiro ponto levantado pela autora diz respeito ao incômodo dos profissionais diante da simples apresentação do tema de pesquisa. As reações dos sujeitos pesquisados estiveram inicialmente ligadas à diminuição da relevância da devolução e foram seguidas de ulteriores lembranças que proporcionaram àqueles sujeitos a descrição de casos de devolução atendidos. Esta autora sugere a presença do mecanismo psíquico de negação, como decorrência da idealização que o profissional faz de seu trabalho.

Apesar de não haver estatísticas, ela constatou que as devoluções ocorrem no âmbito do Judiciário em número maior do que o lembrado. A devolução reconhecida pelos profissionais técnicos desse estudo está circunscrita ao estágio de convivência e é entendida como uma "guarda que não avançou para uma adoção", salientando como a palavra devolução é evitada de ser pronunciada. Spina (2001) acrescenta ainda que no universo forense, devido ao pudor com esse termo, geralmente fala-se em "desencontro entre as partes", "que não houve adaptação entre as partes", "que não havia preparo para adotar" ou que "não houve sucesso na adoção" para referirem-se à devolução. Esse trabalho conclui sobre a importância da escuta das angústias tanto da criança devolvida como também dos adotantes, seu abandono e o discurso desestruturado que acompanha a experiência da devolução. De acordo com Spina (2001), "[a escuta] parece ser um bom e digno instrumento de trabalho que perpassa os papéis institucionais que interferem num processo de devolução" (p. 51).

A devolução gera recusa na estrutura judiciária portadora de um discurso condenatório e passa a representar fracasso não apenas da adoção em curso, mas também fracasso do trabalho dos profissionais ligados à seleção de candidatos, o que pode justificar a necessidade de negar a relevância de sua ocorrência.

O tema da devolução no contexto de uma adoção suscita uma mescla de reações. Se a adoção envolve paixões ao não deixar indiferente quem dele se aproxima, a eventualidade da devolução desencadeia reações que vão do descrédito à indignação, passando pela incompreensão, espanto e horror. As variações afetivas suscitadas a partir de sua ocorrência ligam-se, provavelmente, às intensidades psíquicas dos significados que as experiências de abandono e rejeição adquirem para cada sujeito. É possível compreender por quais motivos a adoção é envolta por fantasias idealizadas, uma vez que ela é uma tentativa de superação do abandono. A devolução, contraparte da adoção é a reedição de experiências ligadas ao desamparo[4] inicial e, portanto, fonte de angústias por vezes inomináveis.

Outra pesquisa importante sobre o tema é a dissertação de Frassão (2000). Esta autora estuda as relações vivenciadas no momento da colocação de crianças em famílias substitutas e a dinâmica da família que devolve. A partir da leitura dos processos na Vara da Infância e da Juventude da cidade de Florianópolis, conclui que são vários os aspectos que predispõem à devolução: os conflitos internos das famílias, o processo de separação da criança de sua família de origem, dificuldades dos profissionais no manejo técnico com famílias em conflito com a criança e o comportamento desta, opondo-se às expectativas da família. A autora apresenta um vasto levantamento de pesquisas realizadas sobre o tema da devolução, todas estrangeiras e nenhuma de

---

4 Na teoria freudiana, o desamparo assume o sentido do estado de dependência do bebê humano de um adulto para a satisfação de suas necessidades, devido à incapacidade de promover a ação específica adequada para pôr fim à tensão interna (FREUD, 1895).

cunho psicanalítico. Ressalta que as pesquisas americanas tentam circunscrever as razões encontradas mais comumente para a chamada *interrupção* – não usam o termo *devolução* – para se referirem ao processo de *separação* que é vivido pela criança na sua devolução. Ora, independentemente do termo que se adote – e claro esta que à semelhança da pesquisa de Spina (2001) há uma tentativa de escamotear e *maquiar* o impacto do significado da palavra *devolução* – a experiência a ela relacionada não se limita a uma *simples* vivência de separação. No âmbito de uma adoção, seja qual for a história pregressa da criança, sua devolução configura uma reincidência de experiências ligadas à separação e sofrerá vicissitudes específicas por se somar às outras anteriormente vividas. Dessa forma, discordo de Frassão (2000) ao afirmar que tanto a interrupção como a devolução "pertencem a um mesmo componente interno, a separação" (p. 29).

Entretanto, esta mesma autora chega a alguns resultados interessantes em sua pesquisa assinalando situações que podem levar a uma devolução. Ressalta que a *guarda* é a modalidade de vínculo mais vulnerável para ocorrência de devoluções, por ser revogável. Acrescenta que a colocação de crianças maiores em famílias não preparadas funciona como campo para surgimento de conflitos, dificultando o estabelecimento do vínculo afetivo. Sugere também que a guarda de avós ou pessoas da família é um fator de risco para a devolução, por não levar em conta o desejo de adotar. Realça que a ligação afetiva da criança com a família de origem é um fator que a predispõe ao fracasso da colocação em nova família substituta. Frassão (2000) conclui que o fator preponderantemente encontrado como motivo da devolução liga-se à dificuldade dos pais adotivos em lidar com o comportamento hostil da criança e a devolução é compreendida como um modo dos pais se virem livres dos conflitos com a criança.

Motta (1998) em seu artigo *Adoção, algumas contribuições psicanalíticas*, discute algumas das problemáticas que podem advir depois da efetivação da adoção. Segundo ela, "certos problemas emocionais dos pais adotivos podem inclusive [levá-los] a rejeitar o filho, sentindo-se justificados e declarando-se... injustiçados. Nestas ocasiões, é comum os casais desejarem 'devolver' a criança" (p. 132).

A psicanalista MacCulloch (1996) também traz contribuições importantes para essas reflexões. Seu artigo é o único encontrado a respeito das motivações que levam algumas pessoas a desistirem das crianças que adotaram. Esta autora, utilizando-se de uma peça fictícia, descreve o caso de uma criança que, após algum tempo de adotada, sofreu rejeição por parte da mãe adotiva. A criança foi adotada por motivos ligados à infertilidade do marido e a esposa consegue exercer a função materna apenas durante o tempo em que dura o relacionamento do casal. Ela, não estéril, vê-se então sem condições de dar prosseguimento ao projeto da adoção após a separação, por encontrar-se em condições de procriar. Concordo com a autora quando ressalta que o projeto de adoção de um casal não é unívoco, devido à presença de elementos da subjetividade de cada um. O cônjuge que não é estéril abdica de sua possibilidade de procriar e essa experiência é elaborada individualmente. O que está em questão diz respeito aos encaminhamentos do desejo de filho que a adoção pode não satisfazer e que se manterá ativo por meio daquele filho sonhado, não obtido, interferindo na relação com o adotivo.

É Eva Giberti, psicanalista argentina, quem apresenta extensa literatura e estudos sobre adoção e, na última década, tornou-se uma referência importante para os profissionais que estudam e intervêm nessa área. No entanto, suas ricas contribuições para compreensões das conflituosas dinâmicas psíquicas de pais e filhos envolvidos na experiência com a adoção, pouco se detém no tema da devolução. Em seu importante livro *La adopción* (1992a) aborda a devolução sob o prisma da criança, salientando que as vivências ligadas ao medo de ser devolvido intensificam seus sentimentos de maldade, possíveis motivos para ter ocorrido o primeiro abandono:

> [...] talvez suspeitemos que ele saiba, quando atribuímos ao adotivo uma série de *saberes*. E em verdade sabe coisas que outros imaginam ou que fantasiam. Por exemplo, *sabe que pode ser devolvido. Onde...? A quem....? Por quê...?* (p. 56).

O preço a ser pago para não ser devolvido, é satisfazer a seus pais. A autora ressalta que "esses medos podem não corresponder estritamente à realidade, mas sim ao mundo de fantasias da criança marcada pelo abandono, incluído em suas séries complementares" (p. 60).

Afinada com as ideias de Giberti, considero que a vivência da devolução é um processo caracterizado por uma experiência preponderantemente psíquica e nesse sentido é anterior e ao mesmo tempo ultrapassa o *ato*. Ligada à subjetividade dos pais e filhos por adoção, nem sempre recai sobre a realidade factual.

Como um estatuto psíquico, a devolução é reconhecidamente uma das vivências mais temidas por pais e filhos adotivos. Para os pais, porque sabem que ela pode vir a ser uma possibilidade e, para os filhos, porque pressentem que poderiam ser vítimas dela (p. 62).

Giberti (1992a) ressalta que ao pensarmos acerca de outros prováveis sentidos para o ato de *devolver*, deparamos com um movimento que é retroativo às origens do objeto e que compromete uma vontade fazendo retroceder algo que já estava em nós mesmos. Sobretudo porque "implica um erro: ou na entrega, ou naquele que foi entregue, ou uma confirmação do erro depois que algo foi provado, uma vontade de não querer ficar com algo que não é desejado" (p. 61). Temida e reconhecida, a existência de um *momento mítico* remetido às origens[5] e, portanto, enigmático tanto para os pais como para os filhos, é a matriz para onde provavelmente aponta a possibilidade de devolução. Nesse sentido, o temor da criança diante da devolução estaria ligado à necessidade

---

5 A questão das origens será retomada no capítulo *Fragmentos da escuta clínica* deste livro.

de confrontar-se com uma origem mortífera, que a reconecta aos pais do coito fecundante que "desejaram que ela não tivesse existido" (p. 62). Confirmar-se-ia desse modo a crença em sua não existência no desejo parental, no qual o significado de sua devolução poderia ser equivalente a seu *desnascimento*.

Renzi (1997), psicanalista que também estuda as questões da adoção, em um raro trabalho especificamente sobre o tema da devolução, concorda que a fantasia de devolução é intrínseca à vivência adotiva e dela faz parte:

> [...] o filho adotivo, diferentemente do filho biológico, pertenceu antes a outros: os progenitores e a justiça, e por isso, sua devolução é sempre um fato possível em algum momento e fantasiado em outro, formando parte da estrutura vincular de uma família adotiva e o psiquismo de cada um de seus membros (p. 123).

Considera que a condição de devolução é peculiar à condição do adotivo, uma vez que o filho biológico nunca pertenceu a outros e que uma vez rejeitado ele poderá vir a ser abandonado, nunca devolvido. Ressalta também que a vivência com a adoção mobiliza nos pais adotivos fantasias específicas referidas às origens do adotivo, pano de fundo para os conflitos que podem derivar em uma devolução. É com frequência que nos deparamos na clínica com pais adotivos com a referência às origens da criança como causa dos comportamentos indesejáveis e dos conflitos com o filho. Para Renzi (1997), diante das dificuldades em lidar com os conflitos, é fortalecida nos pais a convicção de que a criança não lhes pertence e de que nunca se constituiu como filho próprio. Essas fantasias inconscientes seriam consideradas fachadas defensivas que encobrem um sentimento depreciativo por não haver podido conceber seus próprios filhos e, portanto à infertilidade (p. 124). E também revelam que há na filiação por adoção algo de enigmático que colore ou denigre o olhar parental tornando a devolução uma saída para os conflitos:

> [...] a partir daí, não estariam devolvendo um filho tomado como objeto e sim um filho de outros que não lhes pertencia e que nunca se havia constituído como próprio apesar de todos os esforços que eles acreditaram haver realizado para incluir o filho em seu imaginário (p. 124).

A infertilidade no casal adotante aponta para a presença de uma diferença em relação à experiência da paternidade vivida pelos pais biológicos, trazendo para o contexto da experiência adotiva uma condição de enigma. Para muitos, é uma tentativa de suplantar a impossibilidade de gerar os próprios filhos que, no entanto, traz especificidades à relação com o filho.

Silva (2001) oferece uma importante contribuição para essas reflexões ao ressaltar vivências de frustrações acumuladas que, presentes na experiência subjetiva dos pais adotivos, interferem no modo como a criança poderá se sentir incluída ou não no imaginário parental:

> [...] A infertilidade marca uma diferença que, seguida de outras diferenças como aquelas ligadas aos traços físicos e às decepções das expectativas alimentadas em relação ao filho, talvez se constituam nas famílias adotivas, em sinais permanentes das diferenças não assimiladas entre o filho desejado e o filho possível (p. 71).

As diferenças, as fantasias, assim como sentimentos de rejeição, por si só, não alcançariam um estatuto de *ato* para a devolução. Parece ser preciso que as dificuldades encontrem um substrato a mais. Renzi (1997) esclarece:

> [...] a fantasia de devolução do filho forma parte do imaginário de pais e mães adotantes e seu aparecimento em algum momento da evolução dos vínculos familiares de nenhum modo implica uma patologia. Pelo contrário, as relações fracassadas entre pais e filhos são as que põem em evidência, como saída patológica,

a devolução – colocada como um ato a fantasia subjacente – quando aparecem bloqueadas outras saídas mais adaptativas para abordar o conflito (p. 127).

Ao considerarmos a necessária presença de uma implicação conflitiva para a ocorrência da devolução, abre-se um campo fértil para a compreensão de aspectos importantes do binômio adoção/devolução. Afirmei anteriormente que a devolução é experimentada pelos pais adotivos como sendo a última saída para ultrapassar os conflitos com a criança. Renzi (1997) refere ser a devolução uma saída sintomática a colocação em *ato* da fantasia subjacente dos pais adotivos quando *bloqueadas outras saídas*. O que será que significariam outras saídas? De que dinâmicas psíquicas se tratam?

Mais recentemente, Oliveira (2010) em importante pesquisa sobre a devolução de crianças, investiga a dimensão subjetiva de uma criança a partir de uma série de rupturas de vínculos, apreendendo aspectos da fragilidade da família biológica e compreendendo as significações produzidas pela família pretendente à adoção. A autora sinaliza a importância de pensarmos no contexto familiar em casos de devolução, no sentido de compreendermos questões sobre a dinâmica específica da relação parental que levaria os adotantes a devolverem a criança.

É nessa direção que este livro continua no intuito de responder estas questões. Rosa (2001) nos ajuda a iluminar a trajetória:

> [...] Não se superam as origens, mas suas ilusões e descaminhos podem ser detectados. Ao dizer sobre a dor das perdas, pode-se descolar delas a condição de sofrimento. O luto do passado não se opera com esquecimento e segredo. Sem os significantes, pode-se ficar apegado a um único significado, o que acontece quando o não dito passa a ter relação com o sintoma (p. 133).

O alcance do método e a pesquisa em psicanálise

> "Aprendi a controlar as tendências especulativas e a seguir o conselho não esquecido de meu mestre, Charcot: olhar as mesmas coisas repetidas vezes até que elas comecem a falar por si mesmas."
>
> *Sigmund Freud*[1]

Antes de esboçar os procedimentos adotados para a condução desta pesquisa, passo a descrever o método empregado para trabalhar com o objeto de estudo, definindo a direção da pesquisa em Psicanálise que tem como pressuposto o saber freudiano.

Se, como esclarece Birman (1997) a problemática do sujeito no discurso freudiano é fundamental "na medida em que a experiência psicanalítica se realiza através da interlocução entre sujeitos" é inerente à prática psicanalítica pretender desvelar a verdade do sujeito singular, supondo que exista uma verdade latente no psiquismo. Esse desvelamento só pode se dar no campo da transferência, espaço eminentemente intersubjetivo, "não obstante a assimetria que marca a inserção do analista e do analisando na experiência analítica" (p. 15). É no campo da transferência que se destacam as dimensões da fala e da ação,

---

[1] In: A História do Movimento Psicanalítico, 1914. *Obras Completas*. São Paulo: Imago, 1974. v. XIV. p. 33.

evidenciando que a experiência analítica transcende o campo do que é cognitivo no psiquismo.

É assim que toda pesquisa em psicanálise toma como referência fundamental a experiência psicanalítica. Desde que a consistência epistemológica da teoria é dada justamente por essa experiência, "a experiência psicanalítica é a base tica ultrapassa a dimensperi esa esperierç, «singular, supondo que exista uma verdade da pesquisa em psicanálise e é ela que fornece os eixos fundamentais para seu norteamento no registro teórico" (BIRMAN, 1994, p. 26).

Embora toda reflexão do psicanalista surja da situação clínica cuja matriz convencional é o consultório, a utilização do método psicanalítico tem se expandido para além do *setting* clássico na resposta às demandas contemporâneas. Em *Linhas de progresso na psicoterapia,* Freud (1919a) já preconizava a extensão da prática clínica à população menos favorecida economicamente, oferecendo tratamentos que aliviassem seu sofrimento neurótico. Isso demandaria "a adaptação da técnica às novas situações" (p. 210). No entanto, ele afirma, "os seus ingredientes mais efetivos e mais importantes continuarão a ser, certamente, aqueles tomados à psicanálise estrita e não tendenciosa" (p. 211). Freud se referia provavelmente à utilização do método psicanalítico uma vez que o processo psicanalítico não se confunde com o seu método. Há várias modalidades e situações de intervenção em que o método psicanalítico é utilizado em condições ambientais, temporais e espaciais bastante distintas do *setting* tradicional. Como é o caso da prática psicanalítica que ocorre nas instituições.

Freud (1919b) em *Sobre o ensino da psicanálise nas universidades* explicita os alcances do uso do método psicanalítico:

> [...] Na investigação dos processos mentais e das funções do intelecto, a psicanálise segue o seu próprio método específico. A aplicação desse método não está de modo algum confinada ao campo dos distúrbios psicológicos, mas estende-se também à solução de problemas da arte, da filosofia e da religião (p. 219).

A Psicanálise, ao constituir-se como um fenômeno intersubjetivo, encontra formas de legitimação de seu método em outras áreas além do consultório. Podemos verificar por meio da leitura de vários de seus textos, que Freud olha psicanaliticamente para fenômenos da cultura, investiga as obras de arte e faz análises sociais, contribuindo de maneira valiosa para o desenvolvimento da teoria psicanalítica.

Estas reflexões trazem luz à prática clínica institucional e viabiliza pesquisas psicanalíticas que ocorrem em contextos diferentes do modelo de clínica convencional. Afinada a essa linha de pensamento, esta pesquisa esteve sustentada pelas concepções do psicanalista Fábio Herrmann e sua *Teoria dos campos* à qual se articula o conceito de *clínica extensa*: a utilização do método psicanalítico em contextos não ligados ao *setting* tradicional.

Herrmann (2003) ao explicar o significado de clínica extensa nos diz:

> [...] sempre que o método psicanalítico estende-se para o mundo, temos clínica extensa, pela singela razão de nosso método ser inevitavelmente clínico, num sentido forte e antigo, que ultrapassa o *atendimento* (p. 179).

Herrmann (2001) afirma que desde os primórdios a Psicanálise constituiu-se como uma disciplina que tenta compreender a psique humana, sendo essencialmente marcada por sua ação investigativa. Ao criar as bases teóricas da Psicanálise, simultaneamente Freud descobriu o método psicanalítico. Afinal, diz o autor, o *método psicanalítico* é "hoje um dos caminhos mais importantes para que o homem saiba de si mesmo e é um saber que cura" (p. 14). É indispensável que a investigação seja feita no cotidiano, local privilegiado no qual o desejo humano "edifica o mundo das relações que temos por nossa realidade" (p. 14).

De acordo com Herrmann (2001), aplicar o método psicanalítico significa "deixar surgir a partir do estudo de algumas relações humanas, as estruturas profundas que as determinam" (p. 16). A essas estruturas, denomina *campo*, onde ocorrem essas relações e também lugar e ordenador do que nele ocorre. O *campo psicanalítico* é o lugar que situa o discurso do paciente na área de significados possíveis; lugar onde o discurso do paciente perde a unidade do propósito e abre-se para uma trama de possíveis novos significados, no dizer do autor (p. 86).

Entretanto, ele salienta:

> [...] A noção de Campo Psicanalítico não se apoia simplesmente na de relação analítica, mas de campo relacional. O Campo Psicanalítico é um dos destinos possíveis do campo da representação; organiza a terapia analítica, como pode organizar também outras práticas derivadas do método da Psicanálise (p. 108).

Noção preciosa do autor que, ao descrever o conceito de campo, amplia e dá sustentação para arranjos relacionais e transferenciais em outros contextos que ultrapassam o terapêutico. Encontramos nessas ideias um subsídio primoroso à pesquisa em psicanálise.

O uso do *método psicanalítico* consistiria em desmontar o arranjo estabelecido na relação intersubjetiva, para deixar brotar o que está oculto. Originalidade do inconsciente, este objeto sobre o qual se debruça o método, surge como um fenômeno relativo ao revelar sentidos, a partir da ocorrência de uma *implosão* no sistema relacional vigente. Herrmann (1993) denomina essa implosão como *ruptura de campo*. Ao romper o campo, brota o sentido inconsciente – eficácia do método por meio do inusitado.

O método da Psicanálise é um método de pesquisa que opera sobre o humano, mais especificamente sobre o diálogo humano. Ele não apenas interfere no fenômeno, como tem propriedades para gerar o fenômeno a partir de sua aplicação. Sua conversão à pesquisa implica na necessidade de criar o conceito de *inconsciente relativo* sobre o qual a *Teoria dos campos* se assenta.

O inconsciente é descrito pelo autor como uma estrutura profunda geradora de sentido e entendido como um fenômeno que surge a partir do uso do método interpretativo. Ele surge a partir da relação e cada relação humana comporta estruturas de níveis variados de profundidade. A essas estruturas, Herrmann (1993) denomina de inconsciente relativo: "o que é determinado pelo choque de diferentes representações em um nível dado" (p. 137).

O inconsciente revela-se dentro e a partir de um campo que é transferencial, aos moldes do que ocorre na situação analítica, mas não apenas porque está sustentado pelo campo transferencial. O analista assim como o pesquisador, vai ao encontro do objeto sem a teoria psicanalítica. Ela deve surgir a partir do encontro. Se a eficácia do método age por rupturas, diz Herrmann (1993), o inconsciente surge sem sabermos direito o que se está produzindo.

Contextualização da pesquisa

A pesquisa deste livro teve como objetivo compreender os processos psíquicos dos pais adotivos envolvidos na experiência da devolução, destacando aqueles aspectos da subjetividade que poderiam funcionar como indicadores para o rompimento do vínculo com a criança. Ao considerar que a qualidade das relações experimentadas entre pais e filhos é vital na constituição de subjetividade, priorizou-se a compreensão das motivações inconscientes dos pais que desistem de suas crianças. Por meio da compreensão e análise desses aspectos, profissionais que selecionam e acompanham candidatos durante o processo de adoção poderão se ver mais respaldados em suas intervenções.

Como afirmado anteriormente, a devolução é considerada no contexto do Judiciário, quando ela ocorre após a sentença de adoção ter sido homologada. Quando há quebra do vínculo com a criança ou adolescente durante o estágio de convivência que caracteriza o período da Guarda, é denominada *restituição*.

O presente estudo considera como *devolução* todo retorno da criança a uma situação que lhe é anterior ao estabelecimento do vínculo com os adotantes e que, dessa forma, implica em seu rompimento. Para efeito desta pesquisa, foram consideradas experiências ligadas à devolução aquelas vividas pelos adotantes que, em qualquer uma das situações anteriormente citadas – adoção, estágio de convivência ou guarda – coloca em risco a permanência da criança junto à família substituta.

Portanto, tanto a devolução como a restituição, entendidas como o retorno da criança a uma situação anterior, são processos de um mesmo fenômeno: a reincidência da experiência de separação para a criança, e vividos frequentemente como ruptura dos laços afetivos estabelecidos. Reincidência e repetição sim, experiência singular, porém não inédita, uma vez que a criança devolvida porta em sua trajetória de vida outras histórias de abandono. Esta definição e contextualização da devolução ampliaram o espectro dos sujeitos a serem pesquisados viabilizando a realização da pesquisa.

A experiência clínica e institucional com as questões da adoção apontava enormes dificuldades para o estabelecimento de contato com os pais que fizeram uma devolução. Em primeiro lugar, havia uma questão de ordem ética: no Judiciário os processos tramitam no chamado segredo de justiça. Desse modo, a necessária aproximação com os sujeitos da pesquisa por meio do acesso aos processos legais, foi um procedimento logo descartado, por ser inviável. Uma segunda dificuldade estava ligada à experiência no Grupo Acesso. Havíamos recebido casos de crianças abrigadas para atendimento clínico cujas mães adotivas as devolveram sem deixar rastros de seu paradeiro, o que me fez supor sua necessidade de apagar a experiência, mantendo-a em segredo. A possibilidade de recorrer a essas pessoas a partir dos prontuários dos atendimentos das crianças, pareceu-me indevido. Foi então que decidi divulgar o meu projeto de pesquisa em algumas das Varas da Infância e da Juventude de São Paulo, com as quais muito amiúde temos relações de parceria no trabalho institucional. Concomitantemente, informava aos amigos meu desejo de conhecer pessoas dispostas a contar a experiência vivida com a devolução.

Com a divulgação da pesquisa, obtive a anuência de um casal[2] (Elizabeth e Romeu) e uma mãe adotiva (Betina) que devolveram a criança, além de outro casal (Iara e Serafim) que esteve em atendimento durante nove meses, por sentir uma urgência em devolver o filho. A escuta clínica dos sujeitos estudados, guiada pelo método psicanalítico, esteve sustentada pela *Teoria dos campos* de Fabio Herrmann e seu conceito de *clínica extensa*. A escuta clínica construída a partir de entrevistas, constituiu-se, portanto, na coleta de dados para a pesquisa. O número de encontros variou entre quatro e trinta e cinco encontros, de acordo com a disponibilidade dos adotantes, que permitiram sua gravação para posterior análise do conteúdo.

Elizabeth e Romeu participaram das entrevistas indicados pela Vara da Infância por estarem vivendo o período de um ano de carência, decretada pelo juiz que assumiu o caso, após terem devolvido uma menina que esteve sob sua guarda durante 21 dias. Betina, guardiã de dois irmãos durante o período de um ano e meio, os devolveu três semanas antes de iniciarmos as entrevistas. Ao longo das entrevistas gravadas sempre com consentimento prévio, poucas intervenções se fizeram necessárias, uma vez que para todos os entrevistados, a experiência com a devolução fora sentida como avassaladora. Tinham necessidade de falar e serem escutados. Elizabeth e Romeu participaram da pesquisa durante sete entrevistas. Com Betina, foram realizadas quatro entrevistas, número suficiente para obter os dados sobre a devolução e, finalizadas a pedido dela. Importante realçar que o companheiro de Betina (Geraldo) não concordou em participar da pesquisa, motivo pelo qual ela foi escutada isoladamente.

---

2 Todos os nomes dos sujeitos entrevistados são fictícios.

O procedimento utilizado para a obtenção do material clínico desses dois casos foram entrevistas com duração aproximada de cinquenta minutos cujo enquadre foi previamente combinado com os sujeitos, respondendo na medida do possível às suas necessidades objetivas: duração, frequência e local. Respaldada pela minha experiência clínica anterior, a condução das entrevistas foi pautada por uma escuta que toma o método psicanalítico como referência hegemônica.

Os sujeitos pesquisados foram convidados a contar como "havia sido a experiência pessoal com a devolução" e nas entrevistas subsequentes "se havia algo a mais que eles gostariam de me dizer". Poucas assinalações se fizeram necessárias durante as entrevistas, uma vez que esses sujeitos (Betina, Elizabeth e Romeu) mostraram uma significativa necessidade de falar e serem escutados. Foi possível também captar fragmentos dos discursos proferidos que estavam ligados à aquisição de novas percepções e detectar reflexões propiciadas pelo campo transferencial instalado no contexto das entrevistas.

Ocorria com certa frequência que enquanto falavam, davam-se conta de algo até então não percebido:

— *Isso eu não tinha pensado, não tinha aprofundado. Agora é que estou percebendo...*

Ou:

— *Agora é que está caindo a ficha... Acho que é isso...* — referindo-se a alguma atribuição de sentido a razões que julgavam ter para certo acontecimento.

O terceiro caso relatado neste estudo teve um enquadramento diferente dos dois anteriores. Tratou-se de escutas realizadas a partir de atendimento clínico no contexto institucional, cuja demanda dos sujeitos esteve relacionada às vivências agudas com a experiência da devolução. O casal Iara e Serafim foi atendido durante aproximadamente seis meses, com frequência semanal, com vistas a acolher os sentimentos de elevada angústia ligada às situações de conflitos incontornáveis com o filho que queriam devolver. Por meio da escuta psicanalítica, Iara e Serafim foram gradativamente atribuindo sentidos à angústia e sensibilizados a prosseguir em processos psicoterápicos individuais na mesma instituição. Como parte da estratégia do atendimento clínico, houve momentos em que o casal foi atendido conjuntamente e outros em que ambos vieram separadamente.

Devido ao fato de terem sido encaminhados pela Vara da Infância, sabiam acerca da pesquisa e vieram com a ideia de que tratava-se de "especialista sobre a devolução" e esperavam ser ajudados a partir desse lugar por eles atribuído. A magnitude das expressões afetivas do casal, somada ao momento agudo da vivência com a devolução, suscitou em mim, intensas movimentações afetivas. Isso por que o casal, tomado pela ambivalência amor/ódio em relação à criança, atualizava na relação transferencial uma demanda insensata de completude – e sua contraparte, o sentimento de fracasso – por momentos inundavam o *setting*. Esse foi um caso inédito entre os outros, devido ao caráter agudo da experiência. Na inviabilidade de serem gravadas, essas entrevistas propiciaram uma complexidade maior para o relato.

Creio ser importante realçar que a experiência em torno da devolução é, em geral, mobilizadora de importantes sentimentos de angústia e culpabilidade nos adotantes. Todos os profissionais envolvidos sejam os Magistrados, Psicólogos, Psicanalistas ou Assistentes Sociais, também são diretamente convocados a um posicionamento que está longe de ser simples, diante da magnitude afetiva envolvida, sobretudo, dos afetos ligados ao desamparo. Se a experiência do abandono é demasiadamente perturbadora, a devolução da criança, ao recair sobre sua reedição, é inominável. E na tentativa de uma compreensão plausível, corremos o risco de rapidamente culpabilizar, condenando apressadamente aqueles que entendemos serem os responsáveis: os adotantes, os profissionais da Vara, a Justiça.

Para compreendermos a devolução da criança é necessário adentrarmos nas motivações para a adoção. Nos relatos que serão apresentados transparecem, portanto, a história de cada adoção sob a forma de fragmentos das narrativas construídas pelos próprios adotantes sobre a relação afetiva com a criança e seus conflitos.

Fragmentos da escuta clínica

Betina e a armadilha dos sentimentos de altruísmo

> "[...] eu queria tirar ele do sofrimento, porque ele tava sofrendo ali. Era um sofrimento muito grande. E... acho que pra ajudar, pra crescer, pra dar um amor pra eles, que ele não tava tendo! Era assim que eu pensava [...]"

Betina devolvera recentemente duas crianças que manteve sob sua guarda durante um ano e meio. Ao telefone, chamou a atenção o modo como se mostra solícita a participar:

— *Se é para dar ajuda pra outras pessoas, com certeza vamos ajudar!*

A princípio queria adotar um menino que circulava pelo bairro ao saber que ele:

— *Apanhava muito e era muito maltratado pelo namorado da mãe, pra ensinar pra ele como se luta e se vence estudando.*

Betina não conseguiu efetivar essa primeira adoção, pois já havia uma outra família selecionada para ele. Dirigiu-se então ao conselho tutelar, apresentando-se desejosa de *criar* uma criança. Ofereceram-lhe dois irmãos que estavam liberados para adoção: Edson de 7 anos e Everton de 5 anos.

— Aí eu falei que duas [crianças] era muito pra mim, que uma já me ajudava bastante.

Vai se revelando que o desejo de Betina era ajudar as crianças, mas também, ser ajudada por elas.

Apesar da frustração inicial, uma vez que pretendia adotar uma criança apenas, Betina tem a anuência de Geraldo, seu companheiro, acreditando que ambos pudessem *"ajudar essas crianças"*. Quem ajuda quem? Betina acreditava que era ela quem os ajudaria, sem perceber a importância que eles poderiam ter em sua vida.

Ao tomar contato com a história de vida dos meninos, Betina se convence da necessidade de fazer algo:

— Aí ele [conselheiro tutelar] *contou a história que eles tinham mãe que foi abandonada no Piauí, veio pra cá, e que conheceu o pai da criança mais velha, foi morar na casa da sogra e que posteriormente mataram ele porque ele não era flor que se cheire, né? Mas ela já tinha conhecido outro rapaz e foi morar junto, teve o segundo filho e ele desapareceu porque ele era alcoólatra.*

O intuito de *ajudar* as crianças amolda-se à origem delas, vista como desvalida aos olhos de Betina e seu companheiro. O motivo alegado por Betina para adotar é baseado em seus sentimentos *altruístas*, mobilizando-a a fazer o *bem*. O sentimento de altruísmo de Betina é sustentado nesse momento, pela fantasia de poder salvar crianças de um destino marcado por uma origem desvalorizada.

— *Por que você pegou pra criar?* — pergunto-lhe certa vez.
Ela diz:
— *Bom, eu queria assim, criar uma criança, tirar das ruas e "mentalizar" uma criança, dar estudo pra eles, dar carinho nesse mundo que está aí*

fora, né, ensinar a vida pra eles, que um mata o outro, outro rouba do um; há tanta morte, criança na rua sempre dá nisso, né?

Betina não tinha claro o lugar que essas crianças viriam a ocupar em sua vida, oscilando entre oferecer-lhes apenas uma educação para possibilitar-lhes uma posição melhor na vida ou incluí-los na família na condição de filhos. Dúvida que a acompanhará, permeando as situações de conflito vividas principalmente com uma das crianças, Edson, que não correspondia às expectativas anteriormente traçadas para ele. Ela tinha apenas a convicção de querer ajudar.

Mas logo vamos perceber que as crianças também representavam ajuda à Betina. Na época das entrevistas, Betina tinha 50 anos e possuía quatro filhos biológicos adultos e independentes, dois netos; a filha mais nova tinha 21 anos. Relata que perdeu uma menina ainda bebê, que seria a segunda filha.

No momento em que pegou as crianças para criar, vivia com Geraldo, seu companheiro que, em suas palavras, *"queria muito criar uma criança"*. Fica realçada a hipótese de que a presença das crianças ajudava Betina a satisfazer o desejo do companheiro de ter a experiência de criar uma criança:

— *Queria criar pra ter uma família, sabe, criar como se fosse filhos meus, criar com amor, como o Edson um dia chegou assim pra mim e falou: "tia, eu posso lhe chamar de mãe?". Aí eu disse: "pode me chamar de mãe sim", e ele me fez prometer que eu não ia falar pras pessoas que ele era adotivo, que ele era filho meu mesmo... Prometi e não cumpri.*

A adoção (ou mesmo a guarda) de crianças maiores requer um manejo especial, pois há experiências e expectativas que a criança traz consigo que são singulares e que não foram vividas com esses novos *pais*. Experiências próprias de um tempo e lugares outros, diferentes da família atual. A presença da singularidade desse *outro* que sinaliza a alteridade pode vir a ser geradora de conflitos:

— *Eu fiquei muito feliz com a chegada deles. Todos nós nos adaptamos muito bem, facilmente, parecia que já conhecia eles há muito tempo. Só que o grande, o maior, o Edson era um menino muito agitado, muito complicado; pulava o muro, fazia barbaridades, estragou muito as minhas coisas, quebrou tudo o que eu tinha, mas tudo mesmo, as panelas, os brinquedos dele, poucas coisas ficaram intactas. Ele deixava a gente louca, não eu, mas meu esposo, pelas reclamações que vinham dele.*

Movida por seu sentimento de altruísmo e pela idealização, Betina não imaginou tantas dificuldades.

Quando Edson começou a furtar pequenas somas de dinheiro, Geraldo não suportou mais e então, começou a surgir a ideia da devolução. Edson com seu comportamento, não preenchia as expectativas de Betina e Geraldo. No afã de cuidar e criar os meninos eles se sentiam frustrados. A fantasia da devolução se instalava a partir da frustração e vivência dos conflitos com Edson.

Mas devolvê-los *para onde? Para quem?* Betina relata que ela e Geraldo queriam devolver o menino, mas que a decisão da devolução foi sempre mais de Geraldo que chegou até a fazê-la escolher entre permanecer com ele ou com os meninos. A ideia era devolvê-los prioritariamente à mãe biológica, mas em último caso, levá-los ao abrigo. Ela diz:

— *Aí ele decidiu que se a mãe não quisesse os filhos de volta ele ia deixar lá pro juizado de menor levar pra casa. E eu dei graças a Deus.*

Embora vivendo a devolução como um conflito, Betina dá seu consentimento para a decisão de Geraldo. O desejo de manter o companheiro ao seu lado e não ser rejeitada por ele parece ter prevalecido. O retorno pretendido para os meninos seria à mãe biológica, realçando que a devolução neste caso estaria remetida às origens.

A origem das crianças é referida de modo ambíguo por Betina e mostra sua oscilação em relação a "quem é a mãe dessas crianças?" e revela os sentimentos ambivalentes em relação à maternidade. As origens das crianças representavam ora o *temido*, o *denegrido*, suporte necessário para os sentimentos de altruísmo, ora a *realidade* histórica sobre a qual era impossível ultrapassar.

A partir do relato de Betina surge a hipótese de que, quando as origens da criança adotiva tornam-se repetidamente lembradas como inexorável alteridade, não há espaço para o surgimento da paternidade/maternidade simbólica. Desse modo, pode vir a representar um lugar de onde talvez nenhuma criança deva sair, por ser lá o seu lugar e, portanto, para onde poderá ser devolvida. Betina assim expressa:

— *O Edson está agora com a mãe* [biológica] *porque ninguém quer ele. E eu acho que* [criar] *é obrigação de mãe, viu?*

Uma hipótese que esse relato levanta é de que a necessidade de referência a uma origem exterior ao núcleo familiar de maneira tão demarcada, significa a dificuldade dos pais adotivos de acolherem e aceitarem a alteridade da criança. Alteridade como origem não apagada, uma vez que referida incessantemente. A experiência psíquica dos pais adotivos porta um importante paradoxo relacionado aos modos como assimilam a questão das origens da criança: necessária de ser reconhecida, porque faz parte da história da criança e, ao mesmo tempo, um obstáculo a ser ultrapassado e simbolizado. Para que ocorra o reconhecimento da criança como alteridade inserida no âmbito do que é familiar, talvez tenhamos que pensar que numa certa medida, é necessário também poder *esquecer*. Betina mostra as dificuldades de reconhecer Edson como um familiar:

— *Eu expliquei pra ele: olha filho, as pessoas conhecem a mãe e como elas me conheceram antes de vocês, elas sabiam que eu não tinha vocês.*

Mas hoje eu tenho, e então eu tenho que saber a origem de onde você veio. Você tem uma mãe, teve um pai, tem outra família. O seu tipo [de família] não combina com a minha. Eu sou sua mãe, mas sou sua mãe do coração.

Betina e seu companheiro tinham a convicção de que a filiação de origem não pode ser substituída pela filiação adotiva, sem haver algum tipo de prejuízo ou desqualificação. Mostram que por mais que façam pela criança, não vão conseguir dela o mesmo afeto que acreditam que ela teria pela mãe biológica:

— Eu autorizo a sua mãe a visitar vocês quantas vezes ela quiser e o meu marido respondeu: "bom, eu não posso fazer nada, né? Porque é a mãe deles. Eu posso dar ouro em pó pra ele e ela maltratar, mas se tiver uma disputa é claro ele vai escolher ela".

E o receio de que essas crianças, de origem desconhecida e, portanto, estranha, possam ser perigosas e portadoras de ameaças à vida:

— A família do meu marido não aceitou e aconselhavam assim para ele: "você está ficando louco, vai criar filhos dos outros? E depois essas crianças vão crescer e bater na sua cara, vê só os filhos de hoje em dia que são filho mesmo e matam".

A origem das crianças vista como desqualificada, funcionou inicialmente como elemento necessário para Betina *"pegá-las para criar"* e assim *"salvá-las"*. Na sua decisão de devolvê-las, sua própria *bondade* não pôde ser sustentada revelando uma experiência psíquica de conflitos ligados aos ideais, em que o ideal de ego[1] de Betina tenta evitar a devolução:

---

1 A conceituação psicanalítica dos ideais aparecerá mais adiante, no capítulo *Origens e adoção: Busca ou retorno?*.

— Então, pensando nas barbaridades que o Edson fazia, e aí eu dizia: "ai, pelo amor de Deus, essas crianças não têm pai, veja só que situação errada, a família toda torta, vamos dar uma força, né, não vamos entregar essas crianças".

"As crianças não têm pai".
Na opinião de Geraldo, apenas o juiz podia saber o que fazer com Edson. Considerado *filho do governo* ou então, constantemente referido à família de origem, significa um objeto heterogêneo. As figuras emblemáticas da paternidade estão colocadas fora do núcleo familiar atual, deixando Edson cada vez mais em um lugar de exterioridade. Os sentimentos de bondade e altruísmo extremados não permitiram à Betina e Geraldo exercerem funções necessárias de contenção e limite para os comportamentos indesejáveis da criança.

Betina diz que sofreu muito na época da devolução das crianças. Não queria deixá-las, mas via-se encurralada entre elas e o marido. E o marido parece ser uma figura muito importante na vida psíquica de Betina. Ela diz:

— Era séria a colocação dele pra mim; eu fiquei meio assim perdida, sabe? Eu tinha que escolher ou eu/ele ou as crianças.

É um lapso importante no discurso de Betina, que revela a intensidade do conflito que sentia ao entrar em jogo a sobrevivência do *eu*. As crianças eram os representantes, para Betina, da possibilidade de dar a Geraldo a satisfação pretendida com o exercício da paternidade, porém, os conflitos com Edson ao denunciarem a queda do ideal, faziam surgir a vivência de fracasso daquele projeto inicial.

— Que situação difícil a sua — eu digo. Betina apresentou sua ressalva:
— É... Mas se eu tivesse uma situação financeira boa eu tinha feito a loucura, tinha ficado com eles, parado de trabalhar pra poder educar eles;

acontece que eu quase não ficava em casa, eles ficavam mais com meu companheiro e ele não tinha paciência pra educar eles; eu teria.

Por meio de uma mudança radical em sua situação financeira acredita que poderia prescindir do companheiro que rejeitava as crianças.

Betina refere-se à dificuldade que sentia para colocar limites em Edson à diferença existente em seu comportamento com os filhos biológicos. Quando ocorre a devolução, os irmãos Edson e Everton estão com eles há uma ano e meio aproximadamente. Ao aproximar-se a data de um retorno de acompanhamento na Vara da Infância, Betina e Geraldo procuram a família biológica de Edson dizendo-se impossibilitados de continuar cuidando das crianças. A mãe biológica acaba por retomar a guarda das crianças:

— *Eles são meus filhos e eu vou ter que tomar conta deles* — ela diz, segundo o relato de Betina.

— *A respeito das crianças não tem mais nada para contar. Só que eu tenho muitas saudades deles, né? Principalmente do Edson, eu gostava mais...* [abaixa o tom da voz] *é, acho que por ele ter sido rejeitado todo mundo queria jogar uma pedra, sabe? Mas eu creio que ele vai se encontrar um dia e vai ser um grande homem!*

Betina declara sua preferência por Edson, aquele que ninguém deseja, destacando um traço de identificação[2] com os aspectos da criança ligados à rejeição. Esse aspecto ficará mais claro quando revelará experiências de sua própria história. Conta que foi criada no Nordeste, onde nasceu, até os 14 anos, quando se casou e veio para São Paulo. Tem 26 irmãos e a partir dos 8 anos *"comecei a criar eles"*. Sua mãe teve três gestações de gêmeos que faleceram ainda bebês. Conta que nessa fase morreram dez dos irmãos e ficaram dezesseis sendo que ela é a mais velha de todos. É ela quem diz:

---

2 O conceito de identificação será destacado no capítulo *Origens e adoção: Busca ou retorno?*.

— Então, ajudei minha mãe a criar.

Conta que foi uma criança muito infeliz e sentia-se rejeitada. Acha que esse é o motivo pelo qual não pode *"ver criança ser maltratada e negligenciada que imediatamente quero ajudar a tirar da rua e dar uma família com muito amor"*.

Os fragmentos de sua própria história ajudam a iluminar a compreensão deste caso. Intensamente identificada com a rejeição das crianças estava diante da possibilidade de recuperar aspectos inelutáveis de sua experiência infantil. Convencida de sua bondade e de seus sentimentos ligados ao altruísmo, constrói em seu imaginário projetos idealizados que tendem ao fracasso.

Igualmente identificada com uma mãe (pro)criadora de muitos filhos, sente-se impulsionada a cuidar de crianças, salvando-as de condições desfavorecidas aos moldes de como ela mesma vivenciou na sua infância. Como mãe, tenta refazer seus próprios sentimentos de filha, recuperando, por meio dos ideais os aspectos perdidos que estão ligados ao narcisismo primário.

Quando o projeto ideal vem abaixo, ameaçando a integridade de aspectos importantes de sua subjetividade, não vê outra possibilidade senão devolver as crianças. Aos seus olhos, sofrer a rejeição do marido seria o equivalente a morrer psiquicamente, fonte de muito sofrimento, reedição de sua própria história de abandono. Podemos pensar assim que a epígrafe citada ao inicio desse relato refere-se não só aos sentimentos direcionados a uma das crianças, mas, sobretudo, diz sobre a criança que habita em si mesma.

Elizabeth e Romeu: a infertilidade e o enigma do feminino

Nas entrevistas realizadas, o casal mostra uma dinâmica peculiar em que Elizabeth é quem relata a experiência com a adoção e conta espontaneamente sobre a devolução ocorrida. Romeu mantém-se mais calado, falando quando estimulado por Elizabeth.

Ela conta que *"nunca quis ter filhos"*, porém, ao casar-se, começou a pensar nessa possibilidade, uma vez que ele desejava ter dois filhos. Em razão de uma menopausa precoce, a adoção passa então a ser cogitada. Antes de decidirem pela adoção, passam por duas tentativas frustradas de inseminação artificial.

Embora Elizabeth tenha dito que não desejava ter filhos, investe na descendência biológica como primeira opção. Entre a primeira e a segunda tentativa, cadastram-se na Vara, para a adoção do primeiro filho, André:

— *Foi uma adoção sem problemas de adaptação, pois todos se relacionaram bem... Foi uma adoção maravilhosa. O André não nos dá problemas de ordem nenhuma.*

Um ano e dois meses após ter ocorrido essa primeira adoção, o casal faz um segundo cadastro junto à Vara, pois desejam uma criança para *"fazer companhia para André, que pede muito um irmão"*.

Decidem-se agora por uma menina, para formar um casal. *"E a mãe do Romeu queria muito uma menina"*, ela diz. O sexo pretendido para o segundo filho desse casal está ligado ao desejo de imitar o modelo de uma família tida como ideal.

Imaginavam que o trâmite da segunda adoção fosse durar ao redor de um ano. No entanto, alguns meses após esse novo cadastro ter sido efetuado, a Vara os chama para conhecerem Carolina de 5 anos, que estava abrigada em *situação indefinida*[3]. Esse dia coincide com o falecimento do pai de Elizabeth. Embora se tratasse de condições diferentes do perfil escolhido por eles, acharam-na *"muito bonita"* e concordam em levá-la para casa após um período de aproximação. Elizabeth relata:

— *A gente achou que ia ser um Natal diferente e foi um Natal pesado; a família era bonita na foto.*

---

3 A situação indefinida da criança refere-se ao processo de destituição do poder familiar ainda não concluído que a declara apta para a adoção.

Elizabeth relata então o que foi lhe parecendo um equívoco seu e também uma tentativa da Vara de convencê-los a levar a menina:

— *Houve problemas de adaptação, ela era muito ciumenta e isso me deixava transtornada. Houve um problema de química. Eu me via irritada com ela, dando bronca e logo eu achei que isso não ia dar certo.*

Elizabeth percebia que o problema não era da menina, mas dela. Relata ter havido uma precipitação tanto da Vara quanto deles na decisão de ficar com Carolina, pois ela não tinha pedido uma criança com a mesma idade do filho mais velho e nem pedido uma criança em *situação indefinida*.

A idade da criança pretendida para o segundo filho, mais novo que o primeiro, toma novamente para esse casal o modelo da constituição de uma família biológica, aquela buscada inicialmente por meio das inseminações artificiais. As características da família a ser constituída, apontam para aquelas construídas pelo casal como ideais: a idade das crianças, o sexo, o modelo dado pela filiação biológica.

As duas crianças entram na vida de Elizabeth em momentos cruciais e referidas a experiências de perdas: André, o primeiro filho, foi adotado quando ainda esperavam o resultado da segunda tentativa de obter um filho biológico e Carolina, quando ela perdia o pai. As duas situações ligadas à adoção ocorrem em circunstâncias em que um trabalho de luto deveria entrar em curso. Luto pela infertilidade como impossibilidade de gerar um filho biológico e o luto pela morte do pai.

A situação indefinida de Carolina referia-se a uma pendência existente no processo de destituição do poder familiar da mãe biológica. Havia uma tramitação legal em curso no sentido de encontrá-la, pois estava desaparecida há dois anos. Na sua ausência, buscavam-se familiares da criança que pudessem ficar com ela – na tentativa de preservar os vínculos com a família de origem – e essa medida judicial é prioritária em relação à colocação da criança em uma família substituta. Ao mesmo tempo, o trâmite pode tornar-se longo e moroso, deixando a criança abrigada por tempo indefinido, e isso aumenta as dificuldades de ela vir a ser adotada. Entendendo-se que a família não seria mais encontrada, e na falta de apenas um documento que a tornaria apta à recolocação familiar, a criança foi apresentada à família substituta com essa ressalva, cabendo aos adotantes decidirem pela guarda. Essa condição de *situação indefinida* de Carolina apresentou contornos muito significativos na dinâmica do relacionamento com Elizabeth e Romeu, e foi geradora de importantes angústias que acabaram por intensificar conflitos que culminaram em sua devolução após vinte e um dias, e durante o período de guarda.

Inicialmente, a *situação indefinida* põe em realce para esse casal a presença de uma família de origem e, portanto, uma história anterior ao encontro com a menina e os remete a uma vivência de exterioridade em relação à Carolina:

— *A menina se lembrava da própria mãe, pois tinha convivido bastante com ela, e na adolescência ia querer conhecer a mãe e a família... E isso me dizia que não ia dar certo.*

Nesse momento, diz Elizabeth que a ideia de devolvê-la começou a surgir. Em conversas com a Vara no sentido de se ver ajudada, foi se delineando a devolução como uma saída, *"pois a menina não era mesmo aquilo que eles tinham inicialmente buscado"*. A ideia, ou a fantasia da devolução era sustentada pela referida *situação indefinida*, que colocava em risco a permanência da criança na família. Havia o risco objetivo da família biológica de Carolina ser encontrada e *reclamar* por ela; no entanto, do ponto de vista da subjetividade do casal, um outro temor se acrescentava: o de que estariam retirando a criança de um outro lugar, de uma outra família. As *fantasias de roubo* se associavam à devolução.

As ressalvas e restrições encontradas suscitavam dúvidas a respeito da decisão de ficar com a criança e sobre a possibilidade do estabelecimento de um vínculo seguro e idealizado, como pretendia o casal. Somados à vivência de que ela não era o que eles esperavam, isto é, uma criança como o filho mais velho, que não lhes trazia problemas.

A fantasia de roubo, vivência psíquica suscitada neste casal a partir da situação indefinida de Carolina é experiência comumente encontrada em alguns contextos da adoção. Neste caso, a possibilidade do reaparecimento da família biológica de Carolina, deixava exposto para os adotantes a presença de outra família e, portanto, outra origem. Alteridade supostamente ameaçadora:

— *É outra cultura, é outro lugar, quem sabe uma menina linda dessa não tem lá uma avó. Essa figura que eu ficava (imaginando)...*

Carolina se constituía aos olhos de Elizabeth como uma criança *"desejada e possivelmente procurada pela família biológica"*. Podemos nos perguntar se nessas condições imaginárias, haveria lugar para essa criança? Se há alguém legitimado que deseja ficar com Carolina e, sobretudo, se essa pessoa pertence à família de origem, adotá-la fica equiparado a um *roubo*. Para Elizabeth, a luta por encontrar essa família seria a mesma que a família faria por reencontrar a criança. O casal esteve muito envolvido por encontrar a família biológica da menina e, desse modo, formularam um sentido para a sua devolução: um retorno ao lugar de onde Carolina nunca deveria ter saído – a família biológica. A devolução ficou justificada para eles a partir da presunção de uma apropriação indevida.

Elizabeth diz que a situação indefinida de Carolina que, a princípio achava um problema, ao final foi utilizada para dar uma resolução à impossibilidade de permanecer com ela. Conta à Carolina que ela precisava voltar logo ao abrigo para poder esperar a volta de sua mãe, condição para que ambas pudessem se reencontrar. A fantasia de roubo já havia aparecido na época da adoção do primeiro filho:

— *Na hora que eu peguei aquela criança, eu vi exatamente o outro lado, daquela que tava perdendo ele, enquanto mulher. A mãe, alguém que é a mãe, a mulher que perdeu, tava privada de conviver com aquilo... E isso ficou na minha cabeça um bom tempo.*

Sobressai o sentimento de perda, reavivando experiências anteriores ligadas a possíveis lutos não concluídos: o filho biológico, a infertilidade, a morte do pai. Aparecem aspectos identificados com aquela que perde algo muito significativo, e que estão colocados na mãe procriadora ou na família biológica.

A questão ligada à situação indefinida de Carolina não é a única dificuldade encontrada por esse casal para incluí-la no âmbito familiar. Elizabeth ressalta que o fato da criança ser uma menina foi um fator que dificultou a adaptação na família:

— *Eu não sou muito familiarizada com o universo feminino, venho de uma família de cinco irmãos, eu sou a única mulher. Depois eu acabei descobrindo que não tinha mesmo...*

As dificuldades encontradas sintonizam com os receios das expressões da feminilidade de Carolina. Lidar com a singularidade e o desejo dessa criança foi se tornando impossível.

Após a devolução de Carolina e passado o período de espera para a adoção de outra criança, o casal pôde cadastrar-se novamente na Vara. A decisão por uma criança do sexo masculino foi tomada após a devolução de Carolina ter disparado uma nova etapa de questionamentos no casal:

— *A gente chegou à conclusão que realmente era melhor outro menino. Aí ficava mais fácil, porque era um universo só, não teria que criar todo um universo feminino, e ficou claro pra mim que eu teria algumas dificuldades com menina.*

Elizabeth e Romeu conseguiram a guarda de Carlos, que possuía na época 3 anos e meio. Entendem que fizeram uma opção certa, de acordo com o relato de Romeu:

— *Os dois, dá pra perceber que eles vão ser muito companheiros mesmo. Então eu acho que tem tudo pra dar muito certo, pros dois serem muito amigos, pro resto da vida. E pra menina, no caso, a menina seria na minha imaginação, seria menos pra ser companhia pra ele e mais companhia pra mãe. Prá minha mãe.*

Elizabeth se reassegura que a decisão de um segundo filho do sexo masculino foi acertada:

— *Na realidade, criar uma filha, para a mulher é se deparar com um espelho. Agora ficou um universo totalmente masculino. Agora eu sou a única mulher no meio de um monte de homem, porque eu tenho irmãos homens também, né?*
— *Propiciar a ele* [o primeiro filho] *a convivência com uma pessoa com a história parecida com a dele, né? A hora que eles começarem a crescer, um poder trocar com o outro. Não achar: "nossa, só eu, como a vida foi cruel comigo".*

Nesse caso, a convivência possível está na possibilidade de compartilhar com *iguais*: a mesma história, a mesma origem que se dá entre pares ou irmãos. A experiência do desamparo apresenta-se aqui com os tons da crueldade, e necessita ser dissipada por meio da presença de um *outro igual*. Ressaltam aspectos da relação fraterna na adoção, reveladores da importância do irmão na organização de sentidos e compartilhamento de experiências ligadas à origem comum (GHIRARDI, 2014a).

A adoção põe em relevo a necessidade da assimilação de uma história pregressa que vem junto com a criança, pois dela faz parte. E implica para os adotantes deparar com o diferente, com a alteridade. Os conflitos com Carolina se intensificavam, pois ela não se encaixava no modelo ilusório de continuidade. As manifestações de sua singularidade, sentidas como exigências impossíveis de serem atendidas, apontavam para as diferenças entre os dois universos e lhes era insuportável. As dificuldades somavam-se umas às outras, impossibilitando a vivência de paternidade/filiação em um nível simbólico.

A origem contrastante se apresentava como obstáculo incontornável:

— A questão do sobrenome, ela afirmava que era o dela, que sabia o nome, falava quem era a mãe dela, falava dos irmãos, falava como era a mãe dela, e os hábitos dela. Quer dizer, ela tinha uma referência, tinha uma história. A história dela tava ali, e aquela história ia permanecer.

A impossibilidade da maternidade biológica – a infertilidade – tece o pano de fundo das dificuldades encontradas com Carolina. Os aspectos ligados à feminilidade intensificam a graduação dos conflitos.

Após duas tentativas de inseminação, a adoção é cogitada como tentativa de suturar importantes vivências subjetivas ligadas às perdas. Conta que a frustração experimentada após a primeira inseminação foi muito intensa:

— Então colocou vida dentro de mim e eu não consegui segurar essa vida. Aí foi muito chocante para mim...

Há a perda envolvida na impossibilidade de gerar seus próprios filhos e, sobretudo, a dor de um útero vazio não preenchido. Essa *morte* ocorrida em vida, provavelmente a menina fazia ressurgir, esgarçando a trama de sustentação narcísica.

As adoções do primeiro e segundo filho nesse caso realçam um movimento paradoxal à valorização da maternidade pela via biológica, indicando que não houve possibilidade de serem feitos os lutos necessários daquelas perdas. As crianças entram em sua vida no mesmo momento em que há perdas significativas sendo vividas.

A maternidade biológica não enlutada mantém-se presente por meio da supervalorização das origens das crianças, ora denegrindo-as, ora enaltecendo-as. Para recuperar a potência perdida, necessita adotar uma criança vinda de uma origem desqualificada ou estando em situação de completo abandono. A dor e o luto pela infertilidade podem ser mascarados pela presença dos filhos, desde que eles preencham a expectativa idealizada de uma família harmônica e feliz, *"como na foto"*.

Na devolução de Carolina, o elemento da feminilidade presente remete a um universo supostamente conhecido, porém experimentado como sinistro. A adoção de *meninos* pode ser viável e até fecunda, ao não colocar em confronto a vivência com a feminilidade. Essa parece ter sido a conciliação encontrada para o exercício da maternidade.

Iara e Serafim: a insuficiência da lei paterna e as fantasias de roubo

Iara e Serafim foram encaminhados para atendimento clínico por meio da psicóloga da Vara da Infância e da Juventude que sabia a respeito da pesquisa. O casal havia se dirigido à Vara, acompanhado por Cássio, filho de 11 anos, dizendo querer devolvê-lo, pois não *"aguentavam mais o relacionamento conflituoso"* com ele. Após terem recebido orientação no sentido de tentarem evitar a concretização da devolução, Iara e Serafim procuram espontaneamente a Clínica do Instituto Sedes Sapientiae – SP e solicitam o atendimento comigo.

Cássio foi adotado quando contava um 1 ano e meio, constituindo-se o filho mais novo do casal que já possuía dois filhos biológicos, maiores e independentes.

Diferentemente dos outros dois casos relatados anteriormente, este casal foi acompanhado quando as dificuldades vividas com a adoção atingiam seu ápice, levando-os à Vara da Infância para devolver o filho. As sessões refletiram expressões das variadas intensidades de sentimentos ligados à experiência com a devolução. Desde a primeira entrevista, realçavam a presença de angústia e sofrimento elevados e a concomitante necessidade de falarem sobre a difícil situação em que se encontravam.

É Iara quem relata a história da adoção. Conta que a princípio pretendiam adotar uma menina, porque sempre quisera ter uma filha sem tê-la conseguido. Diz também que a ideia da adoção sempre foi cogitada por eles, uma vez que há outras adoções em sua família extensa e *"sempre há crianças em situação precária, precisando de cuidados e educação"*. Por meio de uma amiga, conhece a mãe biológica de Cássio, na época esperando outro filho que pensava entregar. Interessada nessa criança que estava por nascer, Iara dirige-se à casa da mãe biológica. Durante a visita, encontra Cássio muito doente e então decide levá-lo para a sua própria casa, no intuito de cuidar dele e *devolvê-lo* na segunda-feira.

Iara relata que ela e o marido se afeiçoaram instantaneamente a Cássio e *"ele também a nós, nos chamando de pai e mãe"*. No dia em que vão levar Cássio de volta, a mãe biológica pede-lhes que fiquem com o menino, pois não poderia continuar cuidando dele. Iara conta que, naquele momento, Serafim reagiu dizendo só concordar em ficar com ele se a mãe fizesse um boletim de ocorrência, temendo que ela pudesse fazer *"mal a eles"*, pois não a conhecia suficientemente. Diante da negativa da mãe em registrar a ocorrência, deixam Cássio e retornam para casa. Algumas semanas após, em novo contato com a amiga, Iara soube que Cássio estava passando dificuldades. Iara e Serafim vão ver o menino e constatam que:

— [ele] *permanecia muito doente e a mãe biológica tinha desaparecido, deixando-o na favela com vizinhos. Decidimos levá-lo quando ela* [a amiga] *disse que poderia servir como testemunha a favor nosso"*.

— O que é que vocês temiam que ela pudesse fazer? — pergunto-lhes.

— Mentir na justiça e dizer que a gente roubou a criança. Isso poderia prejudicar a minha profissão — *responde Serafim, com muita raiva.*

Na adoção de Cássio, algumas condições foram colocadas por Serafim. Em um primeiro tempo, o motivo principal do casal era ajudar a criança, que apresentava condições precárias de saúde. Dar suporte às condições da origem desvalida dessa criança ganhou prioridade e constituiu-se em um movimento que compensava a frustração em relação à obter uma criança do sexo feminino. A situação difícil referida ao abandono da criança impulsiona o casal e os sentimentos de *altruísmo* torna-se a motivação principal para a adoção de Cássio. Porém, é no estatuto da lei que Iara e Serafim se amparam no sentido de lidar com as *fantasias de roubo da criança*, e evitando as consequências resultantes deste suposto *roubo*.

A legalização da adoção deu a esses pais a convicção de que não se apropriaram indevidamente de Cássio e também de que a mãe biológica não viria pedi-lo de volta, obrigando-os a devolver a criança. Aqui, talvez esteja o germe de fantasias que posteriormente se tornarão o campo privilegiado de embates entre Cássio e seus pais: presenças aliadas, as fantasias de roubo entrecruzam-se com as da devolução. Esta última expressando-se pelo seu reverso: é a mãe biológica quem poderia vir exigir a devolução, de acordo com afirmações do casal.

É a intenção de devolver Cássio que explicita a fantasia de devolução. Intrínseca ao contexto da adoção, mas que se torna mais evidente na presença dos conflitos com a criança:

— *Eu não aguento mais, vou devolver. Sinceramente, se ele não fosse adotivo, provavelmente não devolveria* — dizia o pai.

Por meio das figuras negativas, temos acesso ao que se destaca do fundo fantasioso: a probabilidade da devolução de uma criança por ser adotada. Devolução como saída para os conflitos, possibilidade aventada por tratar-se de um filho que é adotado.

As fantasias de roubo e sua contraparte, as fantasias de devolução da criança são experiências psíquicas frequentemente encontradas nas situações da adoção. Intrínsecas à vivência com a adoção, serão melhores descritas e desenvolvidas no capítulo *Origens e adoção: Busca ou retorno?*.

As fantasias de devolução constituíam-se a marca predominante no discurso de Iara e Serafim que se alternavam entre o *ataque* e a *defesa* de Cássio. Aos poucos, foi ficando perceptível a todos de que havia uma *guerra* instalada no relacionamento do casal cujos *combates* tinham Cássio como protagonista. A alternância dos sentimentos de rejeição direcionados a Cássio e a concomitante vontade de devolvê-lo pareciam movimentos de gangorra e dependiam do membro do casal que se via mais atingido pelo comportamento indesejável do menino. Para cada uma das inúmeras situações das quais se queixavam, a fantasia da devolução era expressa por um dos pais, por meio de sentimentos de ódio em relação a ele. O curioso era a alternância. Apresentava-se nos dois, mas sem concomitância. Talvez esse seja um dos motivos pelos quais Cássio não chegou a ser efetivamente devolvido. Outro motivo provável diz respeito também à presença de sentimentos afetuosos e protetores que, embora pouco frequentes, puderam ser expressos por eles após algum tempo de atendimento:

— *Se nós como família não chamamos ele pra ficar junto, forma um bloco aqui e ele fica separado. O que está acontecendo é que ele está longe. Se não conseguirmos nós vamos perder ele... Dá um alívio quando ele está em casa* — diz o pai.

Os atendimentos ficaram caracterizados pela presença de intensas expressões de ódio e raiva contra Cássio. Porém em alguns raros momentos, os sentimentos amorosos podiam aparecer. Serafim diz certa vez:

— *Tem que tratar com carinho. Ele já não tem carinho da avó que não o aceita. Ele deve sentir falta de uma avó. Isso tudo a gente tem que considerar.*

A mãe biológica era uma figura muito presente no discurso de Iara e Serafim. Relatavam variadas situações de contato com ela por meio das quais, mantêm-se atualizados sobre as condições de sua vida. Os conflitos com Cássio abalavam em Iara, os aspectos relacionados à maternidade, fazendo-a oscilar quanto à convicção de ser a mãe de Cássio:

— *Quero que você me ajude a que o Cássio me veja como mãe...*
— *Ele não tem motivo nenhum pra odiar a mãe biológica. Ela sempre diz que ama muito o Cássio...*
— *Eu falo pra ele que a mãe dele não pode ficar com ele, e por isso entregou para alguém criar, que ele é o filho preferido dela. Eu falo que ele tem duas mães, eu e ela.*

A proximidade entre as duas mães e a comparação estabelecida por Iara, são sugestivas de um traço de identificação com a mãe biológica. Ao expressar o desejo de ajuda no sentido de ser vista por Cássio como mãe, Iara indica não possuir modelos próprios para o exercício da maternidade de Cássio. Para Iara, a mãe biológica teria em alguma medida, esse saber. No entanto, há um *saber* contido no relato de Iara: o de que a mãe de Cássio é aquela que ama, mas também rejeita e abandona. Os sentimentos de ambivalência presentes em Iara e Serafim apontam para a vivência da queda do ideal, suscitando a experiência de fracasso insuportável.

Novamente deparamos com as decorrências da idealização. A origem denegrida, necessária para dar um sentido *altruísta* à adoção torna-se também ameaçadora. A resultante dessa combinação traz a esse casal uma trama peculiar que alimentava os conflitos vividos com o filho. Paradoxalmente, as dificuldades encontradas intensificam a desqualificação da origem de Cássio, causa/origem do comportamento indesejável do filho. É Iara quem diz:

— *É a índole dele. É o instinto ruim.*

Cássio também era visto como responsável pelas dificuldades da família adotiva. Quando Serafim adoece, Cássio é o culpabilizado:

— *O Serafim está doente por causa do Cássio. Todos em casa falam que o Cássio deixa Serafim doente, está trazendo ódio.*

Uma origem desqualificada não propicia, aos olhos deles, a condição para Cássio dar-lhes a retribuição esperada, o retorno a *"todo amor e dedicação que lhe damos, me sinto traída"*, dizia a mãe.
Relatam que Cássio não obedece e não para em casa, suscitando com sua conduta angústias nomeáveis:

— *É um andarilho e se junta com gente que não presta, parece que tudo o que faz é de propósito pra nos atingir. Está infernizando a nossa vida, se aos 11 anos está assim, o que dirá aos 14. Só se virar um marginal. Tenho que resolver isso antes* — diz Serafim.

Resolver, nesse momento, é equiparado a devolver. A origem da criança, a herança, o sangue *ruim* são responsáveis por seu comportamento que insiste em se *desviar* dos ideais construídos pelos pais:

— *Não foi isso que eu sonhei quando peguei Cássio para criar.*
— *Crescer ao meu lado, ser um grande homem, ajudar a mãe* [a biológica], *eu e seus irmãos. Ele cresceu ouvindo isso... os meninos* [os filhos mais velhos] *cuidavam de Cássio com muito carinho, muito amor e Cássio hoje decepciona eles...*
— *Cássio hoje é esse que representa o lobo mau da história, representa o fracasso.*
— *Quando ele era pequeno eu dizia pra ele "você vai ser médico ou professor, você vai estudar e ser importante como o Antonio e o Felipe* [filhos biológicos]*". Ele não quer nada* — Iara diz.

Angústia e decepção acrescidos de sentimentos de fracasso do projeto parental. Há intenso sofrimento experimentado nessa dolorosa vivência parental de expectativas elevadas sobre a criança. Uma correspondência estrita aos ideais traçados por eles como condição de inclusão e permanência da criança na família, é gerador de imensos equívocos e frustrações. Nenhuma criança conseguiria se encaixar em projetos tão estritos, uma vez que são idealizados. Nessas situações, se a criança promove um desvio em relação ao ideal, passa a ser vista como marginal. O olhar dos pais colocava Cássio num lugar de exterioridade e exclusão. Cássio não cabia dentro do modelo imaginário dos pais.

A principal queixa dos pais referia à impossibilidade de Cássio de aceitar os limites estabelecidos por eles e pela escola. Há uma discordância radical entre Iara e Serafim em relação a quem e a como colocar os limites necessários e as acusações mútuas caracterizavam-se por muita hostilidade presente na dinâmica do casal. Diante da dificuldade em se fazerem efetivos os limites, e em interditar certos comportamentos de Cássio, Serafim afirmava que *"ameaço de levar a questão pro Juiz"*. A figura que representa a lei e que teria um saber sobre ela, é para ele alguém externo. Na insuficiência de uma lei paterna eficaz, busca o Judiciário como ajuda e como forma de ameaçar Cássio a mudar de comportamento. A terapeuta também foi buscada como alguém capaz de instaurar uma lei entre eles, coibindo a agressão explícita durante as sessões. Em outro momento, Iara trouxe Cássio à sessão dizendo para a terapeuta *"abrir a sua cabeça e convencê-lo a mudar de comportamento"*.

Pedido de ajuda diante do desespero da devolução? Devolução como pretexto para pedir ajuda? Como compreender esses pedidos de devolução? Como os escutamos? Esta é uma questão que penso ser de imensa importância. A maneira como entendemos o pedido, a fantasia e a angústia dos adotantes ligadas à devolução direcionará nossa condução do caso. Realço a importância de uma escuta que possa suscitar a reflexão. Nesse momento, há um grande risco de entrarmos no horror inominável do desamparo e atuarmos a angústia dos pais, quando e se estivermos identificados com a rejeição da criança. Talvez essa devolução foi revertida porque a Vara acolheu o pedido do casal, direcionamento a angústia parental, encaminhando-os para grupos de reflexão e terapia.

Efeito reflexo do olhar parental, Cássio era então visto como *diabólico*, *delinquente*, alguém demasiadamente desqualificado, o estranho que frustra. Aquele que representa e também encarna o fracasso dos pais. Estranho, porém familiar. Iara e Serafim não supunham que Cássio, com seu comportamento *descarrilhado*, como me dizia o pai, refletisse ao reverso a imagem projetada sobre ele. Sua desobediência é experimentada como um *ataque* a eles, ataque às expectativas impossíveis de serem preenchidas:

— *Não que eu peguei o Cássio para ele me idolatrar, me adorar, não.*

Será que não?

A situação vivida por esse casal era sentida como insustentável. Havia uma *urgência* em se livrar dos conflitos e a devolução era vista por eles como a única saída. Daí a importância de não nos deixarmos *misturar* com a angústia parental, fazendo uso de necessário instrumental psíquico que auxiliem a ampliação de espaços mentais para a reflexão e o pensamento. Decisões rápidas e apressadas podem comprometer a consideração da singularidade de cada caso, uma vez que o sentimento de urgência liga-se ao transbordamento e ao ato como descarga da angústia suscitada.

Ao longo de nove meses de acompanhamento desse casal, trabalhamos com a hipótese de que os conflitos com a criança que eles pretendiam devolver estavam mascarados pelos conflitos existentes entre eles e pelas questões da subjetividade de cada um. O casal foi sensibilizado para seguir em psicoterapias individuais.

Origens e adoção: busca ou retorno?

> O meu pai era paulista
> Meu avô, pernambucano
> O meu bisavô, mineiro
> Meu tataravô, baiano
> Vou na estrada há muitos anos
> Sou um artista brasileiro
> (HOLLANDA, 1993)

> Vou voltar
> Sei que ainda vou voltar
> Para o meu lugar
> Foi lá e é ainda lá
> Que hei de ouvir cantar
> Uma sabiá
> (JOBIM; HOLLANDA, 2004)

Freud (1907/1976) dizia que "os escritores criativos são aliados muito valiosos no conhecimento da alma, pois se nutriram em fontes que nós, homens comuns, ainda não tornamos acessíveis à ciência" (p. 18). Os poetas traduzem com maestria aquilo que pertence à subjetividade humana, e por meio de suas palavras expressam aspectos fundamentais do existir humano.

Desde seu princípio, a psicanálise se preocupa com a questão das origens. Em seus primeiros artigos, Freud percorre a ideia da existência de um ponto de origem para o sintoma e uma teoria da etiologia para as neuroses. Os documentos pré-psicanalíticos em forma de manuscritos e algumas cartas dirigidas a Fliess atestam a atenção de Freud voltada para o originário. A *Carta 101* (1899/1976), é curiosa. Diz Freud a Fliess:

> [...] em primeiro lugar: uma pequena parte de minha autoanálise progrediu e confirmou que as fantasias são produtos de períodos posteriores e são projetadas para o passado, desde o que era então o presente até épocas mais remotas da infância; o modo como isso ocorre também emergiu – mais uma vez, um vínculo verbal. À pergunta: "o que aconteceu nos primórdios da infância?", a resposta é "nada". Mas o embrião de um impulso sexual estava lá. Seria fácil e maravilhoso contar-lhe como é a coisa; mas seria necessária uma meia dúzia de páginas para eu escrever tudo isso por extenso, e, por isso, vou guardá-lo para o nosso encontro da Páscoa, com algumas informações a respeito de meus primeiros anos [de vida] (p. 296).

O conceito de *lembranças encobridoras* já se faz presente nesse trecho, que será em seguida desenvolvido por Freud (1899) nesse mesmo ano. Esse é um tema intimamente relacionado com vários outros que já vinham ocupando sua mente: problemas referentes ao funcionamento da memória e suas distorções, à importância das fantasias, à amnésia que cobre os primeiros anos de vida e, sobretudo, à sexualidade infantil.

Enlaçada à sexualidade infantil, a busca das origens é parte do desenvolvimento de toda criança que, em geral, inaugura sua pesquisa a partir da curiosidade sobre a origem dos bebês. Por meio das perguntas que faz aos adultos, expressa a necessidade de dar sentido à sua pequena existência. Ontológico ao humano, o conhecimento sobre as origens é parte do percurso psíquico que visa montar uma história pessoal acerca da inserção do sujeito no mundo. No entanto, esse conhecimento não é formado apenas pelos dados históricos, mas é construído por meio de uma tessitura de sentidos, onde as *lembranças* exercerão uma função fundamental. Em *Lembranças Encobridoras*, Freud (1899/1976) ressalta:

> [...] Dentre várias das lembranças infantis de experiências importantes, todas com nitidez e clareza similares, há algumas cenas que, quando verificadas, revelam terem sido falsificadas. Não que sejam completas invenções; são falsas no sentido de terem transposto um acontecimento para um lugar onde ele não ocorreu, ou de terem fundido duas pessoas em uma só, ou substituído uma pela outra, ou então cenas como um todo dão sinal de serem combinações de duas experiências separadas [...] (p. 286).

Como lembranças ou fantasias, o conhecimento das origens dar-se-á por meio da criação de uma rede de sentidos. Mito particular com significações singulares de um conhecimento, a origem situará um lugar imaginário a ser ocupado na vida e no desejo de outros, em geral dos pais, como figuras paradigmáticas. Como será que ocorre esse processo na adoção?

Birman (2001) afirma que a necessidade do sujeito de construir sentidos para sua existência tornou-se uma questão ainda mais acentuada na contemporaneidade: "no discurso freudiano a problemática da morte do pai e a consequente nostalgia dos filhos se articula intimamente com a questão do desamparo jamais superado pela subjetividade moderna, sempre dominada por esse mal-estar" (p. 198). Ele acrescenta:

> [...] Contudo, é preciso evocar que, nos primórdios do discurso freudiano, com a teoria do trauma e da sedução, existia ainda a intenção de se estabelecer uma origem absoluta para o sujeito, de acordo com os cânones da Idade Clássica. Porém, com a desistência de Freud desse projeto, o sujeito perdeu suas origens no real,

sendo obrigado a tecer *fantasmas*[1] sobre suas origens [...] o sujeito busca fantasmar suas origens, justamente porque elas não podem mais ser capturadas no real (p. 198).

Diante da impossibilidade de captura das origens no real, compete ao sujeito tecer a construção singular de uma rede de sentidos, viabilizada por meio das fantasias. Carregamos uma história fruto das experiências vividas, que não se reduz e nem mesmo se equivale à experiência factual. Tão crucial ao humano, a pesquisa sobre as origens vai apresentar contornos específicos na experiência adotiva, na medida em que a origem da criança está situada fora do contexto familiar. Esta contingência suscitará, nos adotantes, uma variedade de temores e diferentes fantasias, interferindo nos modos como a relação com o filho será experimentada (GHIRARDI, 2011).

No percurso freudiano, uma referência direta à adoção é feita por Freud (190/1976), no texto *Romances Familiares*, onde aborda a fantasia presente em todos os humanos relativa à criação de um mito para as origens. A atividade imaginativa dos romances familiares apresenta-se com certas características universais, uma vez que, como diz Freud, "é uma das características essenciais dos neuróticos e também de todas as pessoas relativamente bem dotadas" (p. 244). Contudo, neles, a adoção é parte intrínseca do fantasiar:

> [...] O sentimento de estar sendo negligenciado constitui obviamente o cerne de tais pretextos, pois existe sem dúvida um grande número de ocasiões em que a criança é negligenciada, ou pelo menos *sente* que é negligenciada, ou que não está recebendo todo o amor dos pais, e principalmente em que lamenta ter de compartilhar esse amor com seus irmãos e irmãs. Sua sensação de que sua afeição não está sendo retribuída encontra abrigo na ideia,

---

[1] Grifo nosso.

mais tarde lembrada conscientemente a partir da infância inicial, de que é uma criança *adotada*[2], ou de que o pai ou a mãe não passam de um padrasto ou de uma madrasta (p. 243).

No romance familiar, a fantasia da criança de pertencimento a outros pares de pais refere-se aos pais de uma *melhor linhagem* – portanto, idealizados – e expressa o contexto onde uma adoção ocorre: à dupla de pais adotivos, corresponde um outro casal procriador da criança, os pais biológicos. Dessa maneira, o romance familiar, fantasia experimentada comumente por todo neurótico, traz especificidades enigmáticas a mais no âmbito da experiência adotiva, ao encontrar aí uma sustentação na trajetória de vida.

A clínica com a adoção é reveladora de que a abordagem das origens é uma das questões que mais angustia os pais adotivos, dada a possibilidade de suscitar uma variedade de temores e diferentes fantasias. Revelar à criança que ela é adotada reedita para os pais, experiências sentidas muitas vezes como penosas, por estarem ligadas às perdas intrínsecas que os motivaram à adoção: seja a infertilidade, o filho biológico imaginário ou a impossibilidade de exercer a paternidade/maternidade. São também frequentes as fantasias e o medo de que um dia a criança saia em busca da família original e, assim, os abandone. As fantasias de que a família biológica possa um dia vir a reclamá-la e que eles tenham que devolvê-la, é intensificada em alguns contextos em que ocorre a adoção, sobretudo durante o período de guarda. Nesse sentido, na fantasia dos pais adotivos a questão da origem da criança está marcada por uma experiência factual enlaçada com a eventualidade da sua devolução.

O *romance familiar* e as decorrentes fantasias que os pais adotantes fazem da origem do filho servirão de subsídios para a vivência desse momento específico, sobretudo quando aliadas às fantasias formuladas por eles sobre a própria origem e às experiências que

---

2 Grifo nosso.

originaram a adoção. Para a criança, a revelação de sua condição de adotada é menos de um evento pontual que a constituição de um processo que ocorre ao longo da relação pais e filhos adotivos. Esse processo de revelação constitui-se como um desvelamento das origens, uma exigência psíquica de atribuição de sentidos sobre o lugar que a criança ocupa no imaginário parental. Por meio de uma complexidade gradativa, esse mito é a (re)criação de um mito singular, mas que também é familiar, e necessário à *historicização* do sujeito no mundo.

A revelação apresenta também sua contraparte. Ao colocar em relevo a presença de uma criança *estrangeira* ao núcleo familiar traz, paradoxalmente, a face do que é familiar, mas não assimilado, não aceito, marcando a experiência que Freud (1919) denominou como *inquietante estranheza*. Nesse caso, ao filho poderá ficar reservado um lugar de *exterioridade* no imaginário parental, provavelmente suscitando em seus pais, fantasias ligadas à sua devolução. Esse é outro ponto de conexão entre origem e devolução.

Afirmei anteriormente que a devolução é um *fato* possível em algum momento, e *fantasiado* em outro. Seu risco ou ameaça fazem parte da estrutura vincular de uma família adotiva e do psiquismo de cada um dos seus membros e é, portanto, vivida como um grande temor. A criança *sabe* que a devolução pode vir a se constituir, visto que viveu uma experiência anterior de desligamento da família original. Os pais reconhecem, em alguma medida, outro par de genitores, os procriadores dessa criança, a quem se remetem na fantasia das origens do filho adotivo.

A fantasia de devolução, de maneira análoga ao que acontece com a criança no *Romance Familiar* descrito por Freud (1909/1976), surge em momentos de conflito entre pais e filhos. Roudinesco e Plon (1997), dizem algo a respeito:

> [...] no romance familiar comum à maioria dos indivíduos, neuróticos ou não, é a criança, de fato, que se livra da família de origem para adotar outra mais conforme o seu desejo, ao passo que, na

mitologia é o pai que abandona o herói, que é então acolhido por uma família adotiva, em geral menos prestigiosa (p. 668).

São os conflitos vividos na relação pais/filhos adotivos que suscitam afetos, temores e fantasias, referidos à *origem do adotivo*, à *bagagem inata* e à *herança*. Diante das situações que revelam importantes dificuldades, é sobre a origem do filho que assistimos muito frequentemente, recair a responsabilização. Segundo Renzi (1997), nessas situações os filhos são vistos como permanentes sinais das diferenças entre o filho desejado e o filho possível, produzindo nos pais adotivos profundos sentimentos de frustração em relação ao filho imaginado.

Giberti (1992a) concorda que a presença da fantasia de devolução acompanha pais e filhos adotivos, e é intrínseca à experiência adotiva. Apresenta-se de modo direto ou indireto, enlaçada a outras fantasias e experiências. A autora considera que a fantasia da devolução é complementar à autoacusação de roubo, fantasia comumente encontrada em alguns contextos da adoção. Alguns pais adotivos experimentam de modo angustiante a fantasia de haverem retirado a criança do convívio da família original e de não terem dado todas as oportunidades para que a mãe biológica pudesse ficar com ela. Giberti (1992a) enfatiza ainda que a fantasia de roubo pode se expressar pelo seu oposto, ou seja, pelo temor de que os pais biológicos exijam a devolução da criança. De modo explícito ou às avessas, parece que a fantasia de roubo encontra na devolução uma contraparte.

A fantasia das origens / O filho da fantasia

"[...] não acredito mais em minha *neurótica*."

O termo *phantasie* é utilizado por Freud primeiramente no mesmo sentido que a língua alemã confere à imaginação e, posteriormente como um conceito, a partir de 1897. Como conceito, o termo surge na reflexão freudiana em maio desse mesmo ano, ao redigir no prazo de três semanas, os manuscritos *L*, *M* e *N*. Nesses textos, Freud utiliza o termo fantasia como correlato da noção de realidade psíquica, abandonando a teoria da sedução (ROUDINESCO; PLON, 1998, p. 223).

Freud (1897a/1976) afirma na *Carta 61* que acompanha o *Manuscrito L*, que as fantasias são "estruturas protetoras, sublimações dos fatos, embelezamentos deles e, ao mesmo tempo, servem como autoabsolvição" (p. 267). Nesse momento em que sua crença na realidade da sedução ainda se faz presente, e, portanto considerada verídica, a fantasia é pensada como uma construção defensiva, cuja finalidade é obstruir o caminho para as lembranças das cenas infantis.

No *Manuscrito M*, Freud (1897d/1976) as considera do ponto de vista de sua formação e seu papel em proximidade com a formação dos sonhos; as fantasias são produtos inconscientes, fruto de uma combinação de elementos pertencentes a várias vivências:

> [...] As fantasias originam-se de uma combinação inconsciente, e conforme determinadas tendências, de coisas experimentadas e ouvidas. Essas tendências têm o sentido de tornar inacessível a lembrança da qual emergiram ou poderiam emergir os sintomas (p. 272).

Mezan (2005) acrescenta a esse respeito que: "é por seu caráter compósito e irreconhecível, que as fantasias podem escapar à repressão, exceto no caso em que adquiram especial intensidade e irrompam na consciência" (p. 214). Sobre o recalque da fantasia, Freud (1897d) afirma que ele ocorre quando sua intensidade aumenta, pressionando a passagem para a consciência; a partir do recalque, cria-se o sintoma:

> [...] Quando a intensidade dessa fantasia aumenta até o ponto em que forçosamente irromperia na consciência, ela é

recalcada e cria-se um sintoma mediante uma força que impele para trás, indo desde a fantasia até as lembranças que a constituíram (p. 272).

É nesse ponto que a teoria da sedução sofre seu grande abalo, pois Freud já não pode decidir quais cenas tiveram efetivamente lugar e quais são apenas imaginadas de modo inconsciente.

No *Manuscrito N,* Freud (1897e/1976) é mais explícito ao considerar o processo de formação dos sonhos como modelo da formação das fantasias e dos sintomas. Ele diz: "os sintomas, como os sonhos, são *a realização de um desejo"* (p. 276). Afirma também que "crer e duvidar são fenômenos que pertencem inteiramente à esfera da consciência, sem nenhuma contrapartida no inconsciente" (p. 276). No inconsciente não existem signos de realidade, o que levará Freud, em pouco tempo, a abandonar definitivamente a teoria da sedução.

Ao considerar a importância das fantasias como produtos de uma deformação semelhante à do sonho, Freud admite que elas tornam-se capazes de originar a determinação dos sintomas. E, sobretudo, ao instituir o conceito de realidade psíquica como núcleo do psiquismo, Freud sai de oposições inconciliáveis – real ou imaginário; interno ou externo; psíquico ou biológico – enfatizando o registro dos desejos inconscientes entre os quais, a fantasia é segundo Roudinesco e Plon (1998, p. 225), "a expressão máxima e mais verdadeira". De acordo com estes autores, "desde os *Três Ensaios Sobre a Sexualidade* de 1905, a fantasia foi descrita como dependente das três localizações da atividade psíquica, quais sejam o consciente, o pré-consciente e o inconsciente" (p. 224). Para tanto, Freud faz uma distinção entre as fantasias conscientes, os devaneios e os romances que o sujeito conta a si mesmo, e as fantasias inconscientes: dois registros da atividade da fantasia que encontramos nos sonhos.

Em seu texto *Sobre o Inconsciente,* Freud (1915a/1976) afirma que a fantasia é caracterizada por sua capacidade de mobilidade entre esses dois registros, e é apresentada como lugar e momento de passagem de um registro da atividade psíquica para outro. No entanto, ela apresenta uma irredutibilidade a apenas um, consciente ou inconsciente:

> [...] não podemos escapar à ambiguidade de empregar as palavras "consciente" e "inconsciente" algumas vezes num sentido descritivo, algumas vezes num sentido sistemático, sendo que neste último, elas significam a inclusão em sistemas particulares e a posse de certas características (p. 198).

Nesse mesmo ano, em um outro importante trabalho, Freud (1915b/1976) se dedica ao estudo da paranoia, e introduz o conceito de *fantasia originária*. Fantasias originárias seriam as formações fantásticas inconscientes presentes em todos os neuróticos e em todas as crianças:

> [...] Entre o acervo de fantasias inconscientes de todos os neuróticos, e provavelmente de todos os seres humanos, existe uma que raramente se acha ausente e que pode ser reveladora pela análise: é a fantasia de observar as relações sexuais dos pais. Chamo tais fantasias – da observação do ato sexual dos pais, da sedução, da castração e outras – de "fantasias primevas" (p. 303).

Com isso, Freud procura uma origem para a história individual do sujeito, e interroga-se sobre o fundamento de uma origem situada antes do sujeito individual, localizada na história global da espécie humana. Dessa maneira, a fantasia das origens marca um retorno da controvertida hipótese filogenética, que será amplamente retomada por Laplanche e Pontalis (1985) e outros psicanalistas contemporâneos como Birman (2001), Mezan (2005), entre outros.

Embora Freud não tenha afirmado nada especificamente sobre as fantasias originárias na experiência adotiva, sua consideração nesse estudo é fundamental, visto que no contexto da adoção, a questão das origens é uma fonte de enigmas e fantasias específicas. O coito fecundante que originou a criança está referido a outra dupla de pais, significando uma equação enigmática a mais, tanto para a criança como para seus pais adotivos. Na devolução percebemos que há um jogo de forças presentes, e as fantasias da origem do adotado funcionam como uma espécie de polo imantado para onde as angústias parentais se voltam, num movimento retroativo.

Afirmei que as fantasias originárias têm como característica comum a referência às origens do sujeito. Essas fantasias universais são construções singulares a respeito do enigma da existência (origem do sujeito na fantasia da cena primitiva), da sexualidade (na fantasia da sedução), das diferenças sexuais (fantasia da castração) e de como se percebe e se fantasia o relacionamento parental, não apenas no seu aspecto sexual. Esses registros que permanecem no inconsciente permeiam as fantasias de concepção de um filho e têm um papel constituinte para seu psiquismo. Na adoção, essas fantasias vão apresentar algumas peculiaridades.

Giberti (1992a) também aponta que na adoção o coito fecundante da criança não é o dos pais adotivos. E na ausência de dados da história ancestral, ela é passada em geral via inconsciente dos pais adotivos. Por outro lado, para sustentar uma teoria sobre sua própria origem, a criança adotada tem um duplo trabalho psíquico a ser feito.

Silva (2001) reflete sobre a importância das fantasias das origens em crianças adotadas:

> [...] a origem é inacessível para todo ser humano, mas é teorizada por meio do inconsciente dos pais e por meio da história ancestral. Na adoção, essa teoria tem um pedaço enigmático e inacessível e por isso é refém das próprias fantasias dos pais adotivos a cerca do coito originário e das fantasias que fazem em relação aos próprios pais biológicos (p. 59).

Em sua famosa *Carta 69* endereçada a Fliess em 21 de setembro de 1897, Freud diz que sua descoberta o fez perceber que as fantasias são tão reais e importantes quanto qualquer realidade externa. Se a realidade psíquica mostra-se equivalente em importância à realidade material, e para a sua instauração é essencial o momento das fantasias originárias, estas, por sua vez, refletem que a origem, fruto da reconstrução histórica, admite um modo de pensamento que faz dela o objeto do mito e da fantasia (MEZAN, 2006).

Mais além da fantasia das origens, o filho da fantasia é aquele a quem os pais adotivos terão que renunciar. Experiência em comum com pais não adotivos, a presença do filho como alteridade representa em si uma renúncia necessária da idealização em relação ao filho desejado e construído pelo imaginário parental. No entanto, "o cenário onde ocorre a adoção, quando ela é motivada por infertilidade presente no casal adotante, assenta-se sobre outro cenário, montado e desmontado inúmeras vezes para receber o filho sonhado que não veio" (SILVA, 2001, p. 59). Objeto ambíguo para os pais, a presença do filho sutura, mas também revela a infertilidade dos pais, tampa o vazio deixado pelo filho imaginário e, paradoxalmente, carrega em si um desvelamento da castração. Por consequência, sua presença aponta para a existência de uma dimensão de complexidade para o imaginário parental, vinculada aos modos como a infertilidade é vivida pelos adotantes. As fantasias que permeiam o desejo de um filho têm raízes na própria origem do sujeito e parece alicerçar-se no que de mais primitivo existe no psiquismo humano – as fantasias originárias (SILVA, 2001).

O cenário da adoção apresenta-se por uma dupla e ambígua vertente onde há um filho imaginário e sonhado e um filho que foi *escolhido*; cenário em que o desejo oscila entre a carência e a opção. Abrir mão do filho sonhado pode representar para os pais adotivos um longo caminho de trabalho psíquico permeado por conflitos e angústias que serão objeto de futuras reflexões, sugeridas ao final deste capítulo e que dizem respeito ao luto.

E se, como afirma Freud, são as fantasias que constituem a realidade psíquica, seguiremos destacando as fantasias mais frequentemente encontradas nos casos pesquisados e como elas se ligam à vivência da devolução.

A inquietante estranheza do filho

Para compreendermos a ideia de que há outros na origem, é necessário recorrer ao texto freudiano de 1919 sobre *O Estranho*. O estranho remete ao assustador, provocador de medo e horror, mas ao mesmo tempo, ao conhecido e ao familiar. O significado do termo alemão *heimlich* (familiar, doméstico), "se desenvolve na direção da ambivalência até que finalmente coincide com seu oposto *Unheimlich*" (FREUD, 1919c/1976, p. 283). Freud entende que a palavra *Unheimlich* "pertence a dois conjuntos de ideias que, sem serem contraditórias, ainda assim são muito diferentes: por um lado significa o que é familiar e agradável e, por outro, o que está oculto e se mantém fora de vista" (p. 282).

De acordo com Freud (1919c/1976), nem tudo que é *Unheimlich*, novo e não familiar, é assustador, porém relaciona tal ambiguidade com a sensação de inquietude do sujeito pelo retorno do material recalcado e, portanto, conhecido, que volta sob a forma de algo desconhecido e assustador. Nesse mesmo trabalho, Freud dá um sentido a *Unheimlich*: "tudo que deveria ter permanecido secreto e oculto, mas veio à luz" (p. 282).

Freud (1919c) descreve passos para explicar o sinistro, realçando que há a presença de um sentimento de aniquilamento e que, diante dele, a criação de um duplo é uma defesa contra tal ameaça:

> [...] originalmente, o "duplo" era uma segurança contra a destruição do ego, uma "enérgica negação do poder da morte", como afirma Rank; e, provavelmente, a alma "imortal" foi o primeiro "duplo" do corpo. Essa invenção do duplicar como defesa contra

a extinção tem sua contraparte na linguagem dos sonhos, que gosta de representar a castração pela duplicação ou multiplicação de um símbolo genital (p. 293).

A constituição do duplo é uma etapa da formação psíquica em um estádio mental muito primitivo, ligado ao narcisismo primário e, portanto, ao ideal. Criado diante do sentimento de aniquilação, o duplo pode permanecer em estágios posteriores e assumir caráter hostil:

> [...] tais ideias, no entanto, brotaram do solo do amor próprio ilimitado, do narcisismo primário que domina a mente da criança e do homem primitivo. Entretanto, quando essa etapa está superada, o *duplo* inverte seu aspecto. Depois de haver sido uma garantia de imortalidade, transforma-se em estranho anunciador da morte (FREUD, 1919c/1976, p. 294).

A importância de se pensar no conceito de estranho na adoção é compreendermos como algumas dificuldades vividas no âmbito da estranheza e da castração podem gerar nos pais adotivos as fantasias de devolver o filho.

O filho adotado pode vir a ser sentido pelos pais como uma duplicação do filho não concebido, que necessitaria aplacar o sentimento de aniquilação neles presente; sentimento resultante da castração sentida por não poderem procriar. Posteriormente, e à medida que a criança surge aos olhos parentais como singular, apresenta-se como inquietante alteridade e torna-se estrangeira e sinistra. Aquela que, suscitando o familiar recalcado, torna-se ameaçadora.

Sami-Ali (1996) contribui com uma valiosa reflexão que nos possibilita compreender o complicado jogo dialético que se instaura entre o familiar e o estranho pelo fato de que o estranho inquietante está concentrado em um só e mesmo objeto. O paradoxo está no fato de que a fonte de pavor não está na oposição imediata com o familiar e sim no fato de que, o que antes era familiar e o recalque tornou irreconhecível, ressurge abruptamente:

> [...] não se trata de uma reação passageira destinada a amenizar uma percepção ameaçadora, mas sim que ocorre realmente uma modificação profunda do objeto, na qual de familiar se transforma em estranho, e de estranho em algo que inquieta por sua proximidade absoluta (p. 32).

A manifestação do estranho faz do filho adotado aquele que, com sua presença, faz lembrar o ausente. Desse modo, a criança ilumina com sua presença sua exterioridade a respeito de ser desejado por aqueles que o conceberam; estrangeiro também com respeito às origens construídas pelas fantasias e desejos dos pais adotivos.

O sentimento de estranheza é o oposto do sentimento de identificação e pode-se compreender que, nessa situação, faltará aos pais adotivos a possibilidade de identificar-se com a criança enquanto filho, em um movimento de *apropriação* que o reconheça enquanto tal:

> [...] o centro da experiência do estranho inquietante do ponto de vista dos pais adotivos refere-se à vivência daquilo que não ocorreu em relação ao filho desejado, cujo lugar ocupará o filho adotivo. A partir de então, os traços físicos da criança se distanciarão cada vez mais daqueles que poderiam ser do próprio filho. *Os pais já não encontram nele o que deveria ser familiar através do conhecido. Semelhança que ocupa o lugar do familiar, mas estranhamente inquietante; tão inquietante como a possível devolução do filho* (GIBERTI, 1992a, p. 63)[3].

---

3 Grifo nosso.

Sentido como um estranho, o filho adotado poderá ser aquele a ocupar então, um lugar no imaginário parental, de exterioridade. Como um objeto heterogêneo, poderá vir a representar uma ameaça a ser *eliminada* por meio de sua devolução. Assoun (2003) concorda que um dos efeitos do *inquietante* é suscitar angústia, assim como horror e *terror*, e que a especificidade dessa angústia é a castração. Diz ele que "estamos frente à força de uma alteridade que provoca angústia e na temática do *Unheimlich*, encontraremos a angústia em seu grau máximo, ou seja, a 'angústia de castração'" (p. 65).

Queiroz (2004), em artigo intitulado O *"Estranho" Filho Adotivo*, retoma a preocupação com a questão da origem do filho, afirmando que ela ocupa um lugar central no imaginário dos pais adotivos. A revelação das origens torna-se um gerador de angústia ao colocar o filho em um "estado de estrangeiro na consanguinidade, fazendo cair por terra as garantias de um lugar delegado, outorgado, conquistado" (p. 100). Segundo essa autora, os sintomas ora apresentados pelo filho trazem transtornos às relações familiares, produzindo um sentimento de recusa e arrependimento pela adoção:

> [...] nesses momentos, a interrogação sobre a herança genética da criança se exacerba e os pais não se vêm implicados nos sintomas do filho. Atribui-se a causa dos sintomas ao fato de ter sido adotado. Há uma espécie de sentimento de estranheza, não se reconhecem como pais – chegam às vezes a desejar devolver a criança, ou seja, destituí-la do lugar de filho, como se fosse possível uma anulação retroativa (p. 102).

A devolução é equiparada pela autora a uma anulação retroativa, assim como propõe Giberti (1992a). A uma anulação retroativa, como uma tentativa dos adotantes de apagarem a história do vínculo, da adoção e da filiação.

A condição de estrangeiro na consanguinidade que a adoção instaura é, para Queiroz (2004), o núcleo das dificuldades encontradas pelos pais na relação com o filho adotivo, trazendo dúvidas e incertezas em relação ao reconhecimento deles como pais, à convivência com o fantasma dos genitores do filho e a reabertura da ferida narcísica decorrente da impossibilidade de gerar o próprio filho (p. 104).

Esse percurso pelas fantasias ligadas à origem ressalta a complexidade das questões envolvidas no âmbito do imaginário parental ao viver a tessitura da experiência adotiva. As origens do filho, patrimônio da ordem do humano, reeditam problemáticas psíquicas nos pais adotivos, ligadas à própria origem, e à origem daquela adoção. A possibilidade de criar junto ao filho uma narrativa sobre as origens que lhes seja familiar viabiliza a elaboração pela via simbólica. Acredito ser essa uma saída para os insistentes *retornos* de uma origem que se apresenta por meio do factual (GHIRARDI, 2011).

A infertilidade no contexto da adoção/devolução

Como disse no capítulo introdutório, a *devolução* é uma realidade encontrada em alguns contextos da adoção em que os pais, a partir das intensidades dos conflitos vividos na relação com a criança, decidem entregá-la aos cuidados de instituições que são, em geral, um abrigo. Considero a devolução o ato que institui para a criança o retorno a uma condição anterior, caracterizando uma experiência que reedita outras anteriores ligadas ao abandono. Dentro dessa perspectiva, ela pode ocorrer em momentos que incluem as tentativas de estabelecimento do vínculo afetivo durante o estágio de convivência ou após a sentença da adoção ter sido decretada, apesar do caráter de irrevogabilidade que acompanha o estatuto da adoção.

A clínica psicanalítica e as práticas de atenção às famílias adotivas revelam-nos que situações de conflitos são inerentes a qualquer relação pais/filhos e muitas vezes independem da adoção. E os modos pelos quais as expressões dos sentimentos de rejeição podem aparecer são multifacetados, podendo ou não culminar em um rompimento dessa relação. Também são igualmente variadas as intensidades de rejeição e abandonos possíveis encontrados em qualquer família, mesmo nas famílias que se constituem por meio da biologia. Podemos perceber que, do ponto de vista da experiência afetiva envolvida, muitas são as semelhanças encontradas entre uma família que se constitui de uma ou outra maneira, mas a adoção, pelo fato de constituir uma forma de paternidade/maternidade não ligada ao biológico, instaura uma diferença que trará especificidades e contornos peculiares à relação pai/filhos adotivos. A devolução da criança é uma delas.

Pode-se dizer que a adoção de uma criança, forma simbólica de legitimação da filiação, é um projeto narcísico por excelência, uma vez que todo projeto ligado à filiação é do âmbito do narcisismo, seja ela biológica ou adotiva. Os pais depositam no filho as suas aspirações, suas frustrações e suas renúncias e também o que aspiram como ideal. Um filho implica também a possibilidade de transcendência, além de ser o representante da sobrevivência dos ideais coletivos e do grupo social de sua época, ideais estes, que são projetados no futuro (SIGAL, 2002).

Em *Uma introdução ao narcisismo*, Freud (1914a/2004) ressalta a importância que assume o filho para o narcisismo de seus pais. Por meio do filho, os pais têm a oportunidade de reviver e reproduzir aspectos de seu próprio narcisismo infantil, "há muito abandonado" (p.107). É a renúncia à onipotência infantil e ao delírio de grandeza característicos do narcisismo infantil que possibilita o surgimento de um outro ideal.

Substituto do narcisismo perdido da infância e produto da identificação com os próprios pais, com os seus substitutos e com os ideais coletivos, o *ideal do ego* constitui uma referência intrapsíquica que aprecia e avalia as realizações do *eu*. Ressalta Freud que "o que ele [o sujeito] projeta diante de si como sendo seu ideal é o substituto do narcisismo perdido de sua infância na qual ele era o seu próprio ideal" (p. 111).

Freud enfatiza ainda a importância de reconhecermos a presença de um lugar destinado a ele no imaginário parental que é o de satisfazer seus sonhos e desejos nunca realizados, e tornar-se aquilo que os pais desejaram e não puderam ser. A presença de um filho possibilita também para os pais a experiência ilusória da imortalidade, que lhes é dada pela transcendência genética:

> [...] o ponto mais vulnerável do sistema narcísico, a imortalidade do Eu, tão duramente encurralada pela realidade, ganha, assim, um refúgio seguro abrigando-se na criança. O comovente amor parental, no fundo tão infantil, não é outra coisa senão o narcisismo renascido dos pais, que, ao se transformar em amor objetal, acaba por revelar inequivocamente sua antiga natureza (p. 110).

Portadores dos ideais parentais, sobre os filhos são projetados os desejos de imortalidade e, em alguma medida, a possibilidade de transcendência e continuidade. A dimensão do filho como representante dos ideais parentais corresponde à referência ao narcisismo dos pais:

> [...] o indicador digno de confiança constituído pela supervalorização, domina sua atitude emocional. Assim eles se acham sob a compulsão de atribuir todas as perfeições ao filho – e de ocultar e esquecer todas as deficiências dele. Além disso, sentem-se inclinados a suspender, em favor da criança, todas as aquisições culturais que seu próprio narcisismo foi forçado a respeitar, e a renovar em nome dela as reivindicações aos privilégios de há muito por eles próprios abandonados. (FREUD, 1915a, p. 108)

Desse modo, uma impossibilidade de gerar filhos remete às angústias ligadas ao desamparo, à castração, à condição de finitude e à morte. Como uma ferida que atinge o narcisismo, a infertilidade desvela a fragilidade constituinte da *psique* humana. No entanto, esta perda de uma parcela importante do narcisismo interferirá no conceito que o sujeito constrói sobre si mesmo:

> [...] A percepção da impotência, da própria incapacidade de amar, seja em consequência de perturbações psíquicas ou perturbações corporais, tem o efeito de rebaixar fortemente o autoconceito. E é aqui que se situa, a meu ver, uma das fontes dos sentimentos de inferioridade relatados de forma tão espontânea pelos pacientes com neuroses de transferência (FREUD, 1915a, p. 116).

Embora a impotência a que Freud se refere não seja estritamente equivalente à infertilidade, as perturbações do corpo constituem manifestações que interferem no conceito que o sujeito tem de si mesmo, modificando, até mesmo, as características de seus investimentos libidinais. Os modos encontrados pelo sujeito infértil para lidar com essas perdas estarão ligados a uma multiplicidade de fatores que se incluirão dentro de séries complementares, a saber: sua constituição psíquica e os componentes subjetivos singulares enlaçados àqueles que o situam também em um determinado momento histórico e cultural específicos.

Para ultrapassar a infertilidade e dar vazão ao desejo de ter filhos, algumas alternativas são criadas pela cultura e pela tecnologia científica vigente em dado momento histórico e social. Os avanços da ciência contemporânea nesse campo tornaram possíveis mudanças antes impensáveis no processo de fertilização, provocando uma revolução no conceito de família que outrora significava a união entre um homem e uma mulher com a finalidade de gerar e manter filhos.

Na atualidade, a tecnologia de reprodução humana disponível avança em velocidade surpreendente, possibilitando a fertilização assistida para um número significativo de pessoas. Porém, muitas vezes, as intervenções médicas para corrigir os transtornos da procriação são seguidas de fracassos e, não raro, a saída encontrada por aqueles que desejam o exercício da paternidade/

maternidade encontra-se na adoção de uma criança. A adoção surgiu nos variados momentos históricos da humanidade como um processo de filiação para atender a uma necessidade da cultura, assumindo ora funções sociais e religiosas, ora jurídicas e simbólicas. Na contemporaneidade, tem a função de estabelecer uma paridade à filiação biológica, permitindo às pessoas inférteis a ascensão à paternidade/maternidade (SILVA, 2001) e, ao mesmo tempo, possibilitar uma nova inserção familiar para a criança que é vítima do abandono.

Segundo pesquisa de Weber (2001), 63,3% dos pedidos formulados por candidatos à adoção, são motivados pela infertilidade. Se incluirmos a dificuldade momentânea para ter filhos biológicos sem necessariamente falarmos de infertilidade, como é o caso da existência de uma menopausa, ausência de companheiro ou temores ligados à gravidez, por exemplo, esse índice cresce, segundo pesquisa realizada por Paiva (2004), para 76,2%. Números que suscitam reflexões a respeito dos efeitos que a presença da infertilidade pode trazer para a relação afetiva com o filho adotado, este que vem ocupar o lugar de outro que não pode ser gerado.

E se, como nos indica Freud, a relação pais/filhos é constituída a partir do narcisismo dos pais, surge a hipótese de que talvez seja necessário a eles efetivarem um trabalho psíquico específico que os possibilitem reconhecer essa criança como filho próprio e narcisicamente investido – His Magesty the Baby (FREUD, 1915a, p. 108).

• Um percurso doloroso: da infertilidade à paternidade/maternidade

Quando a adoção é motivada por infertilidade, os adotantes já passaram por várias tentativas frustradas de ter um filho pela via do biológico e a decisão pela adoção nesses casos, é uma alternativa para tentar ultrapassar a castração imposta pela infertilidade. E embora o casal possa assumir junto sua impossibilidade de procriar, ao abrir mão da filiação biológica, o projeto de adoção não é unívoco, ou seja, os interesses e as motivações são singulares e constitui expressões da subjetividade de cada um. O que acontece com o cônjuge que é fértil? Segundo Giberti (1992a), o cônjuge que é fértil adota sob alguma forma de protesto.

Como uma *alternativa* ao biológico, entendendo a procriação biológica como a primeira opção desejada, a experiência da adoção pode vir acompanhada de sentimentos de desqualificação dos adotantes e da desvalorização da adoção em si, caso representar para eles uma instância de menor valor. Desse modo, o desejo de filho pode não se satisfazer à luz do narcisismo parental, mantendo-se ativo por meio daquele filho sonhado não obtido, interferindo nos modos como vai ser vivida a relação com o filho adotado. No lugar da criança que viria para satisfazer sonhos e desejos nunca realizados de seus pais, surgirá diante do olhar parental, aquela que lhes revela a castração. Criança que não cumpre a missão de continuidade narcísica de seus pais e poderá colocar em xeque os investimentos libidinais a ela direcionados.

Um outro caminho que o psiquismo dos pais pode tomar diz respeito à idealização da adoção e da criança. Substituta do narcisismo perdido e uma tentativa de sua recuperação, a idealização é um fenômeno constantemente encontrado na experiência clínica com a adoção. Também o modo pelo qual o tema da adoção é tratado e veiculado pela mídia informa-nos sobre as ideias contidas no imaginário social da adoção. Esse imaginário é atravessado por ideias de que o *amor* modificará todas as anteriores vivências penosas da criança e a salvará do abandono original.

É possível verificarmos pelas descrições apresentadas em um levantamento feito por Silva (2007) como as ideias de generosidade e bondade, assim como a convicção da igualdade entre filho biológico e adotivo, permeiam o imaginário social da adoção. Melhor dizendo, o ideal contido nessas descrições é de que adotar é um ato de amor. Paradoxalmente, uma grande maioria de depoimentos encontrados pela autora é feita entre mulheres que necessitam descrever a história de sofrimentos percorrida até chegar à adoção de um filho, realçando que, para uma mulher o significado psíquico e simbólico de ter um filho sem a experiência de gestação é diferente da vivência masculina de ter um filho por adoção.

Porta aberta por onde transitarão os sentimentos ligados ao *altruísmo* e à *bondade*, a fantasia narcísica de salvar a criança abandonada, é responsável por outra significativa parcela das motivações apresentadas no pedido da adoção. De acordo com a pesquisa de Weber (2001) esse índice representa 36,8%. E para sustentar sua posição de generosidade, os adotantes da criança atribuirão aos pais biológicos, aqueles que a entregaram ou a abandonaram, as características de maldade.

Embora o sentimento de *altruísmo* esteja dentro do campo conceitual do narcisismo, uma estrita equivalência não é encontrada na teoria psicanalítica. Ele representaria nesse contexto da adoção, não apenas uma reação defensiva à vivência dolorosa diante da desvalorização que os adotantes experimentam com a infertilidade, como também uma identificação com os sentimentos de desamparo projetados sobre a criança.

Giberti e Gore (1992b) alertam para a importância em se considerar a adoção uma experiência caracterizada por elementos *desordenadores* da situação padrão pai/mãe/filho. Constituída por uma concepção que não fora desejada e de um nascimento que se converterá na entrega da criança, a adoção apresentaria elementos socialmente reprovados, ocasionando *desordens*. Frente a tais *desordens*, elas comentam, os adotantes (e também a cultura) promovem *ordenadores*, e a vivência de bondade protagonizada pelos adotantes é um deles. Sua contraparte refere-se ao sentimento de gratidão esperado por parte da criança:

> [...] a vivência de bondade – que inclui a gratidão que esperam da criança, somada à preocupação sobre as dúvidas acerca da criança, obscurecem os conflitos que a esterilidade ou a

infertilidade produziram. Essa bondade constitui um *ordenador social* em oposição à "maldade" exercida pela mãe biológica (p. 44).

A ferida narcísica vivida pelos pais poderá então, apresentar-se por meio de uma esperança de compensação, e neste caso o filho ocupará o lugar daquele que tem a missão de ressarcir seus pais pela perda de aspectos de seu narcisismo. A presença de conflitos e dificuldades intrínsecas a qualquer relação humana desfaz a fantasia narcísica de salvamento da criança, gerando ódio, frustração e nova rejeição. Desta maneira, fortalece nos pais uma convicção de que a criança não lhes pertence e de que nunca se constituiu como filho próprio. Essas fantasias se dão fundamentalmente de forma inconsciente e podem ser consideradas substitutas do sentimento depreciativo dos adotantes, devido à impossibilidade de conceber seus próprios filhos em decorrência da infertilidade (RENZI, 1997, p. 124).

A tentativa de *ordenamento* pode trazer para o psiquismo dos pais adotivos um outro tipo de vivência também frequentemente encontrada, que é a necessidade de identificarem-se com as outras famílias que possuem filhos por meio da biologia. Desse modo, os pais fazem uma equação que equipara a família constituída por filhos biológicos com a ideia de *boa família*. Ao buscar uma igualdade a essas famílias assim imaginadas, há uma idealização que nega as diferenças existentes entre elas. Impossibilitado de ser visto e aceito como alteridade, ao filho pode ficar reservado um lugar heterogêneo – estranho e estrangeiro ao imaginário de seus pais, aquele que representa o fracasso e ressuscita as fantasias de aniquilamento dos pais adotivos.

É consenso entre alguns autores que a condição de estrangeiro na consanguinidade é o núcleo de muitas das dificuldades encontradas pelos pais na relação com o filho adotado, trazendo dúvidas e incertezas em relação ao reconhecimento deles como pais, à convivência com o fantasma dos genitores do filho e a reabertura da ferida narcísica decorrente da impossibilidade de gerar o próprio filho. (GIBERTI, 1991; SILVA, 2001; YAMA, 2004; QUEIROZ, 2004). No contexto de uma adoção essa experiência quando radicalizada, pode levar os adotantes a sentirem necessidade de devolverem a criança.

- **O trabalho psíquico de elaboração: o luto necessário**

Afirmou-se anteriormente que uma adoção parece começar a partir de perdas: para a mãe que gera e entrega o filho, para a criança que perde o vínculo com a família original e para os pais adotivos que vivem a infertilidade. Alinhada ao pensamento de Giberti e Gore (1992b), vimos que o abandono de filhos e a infertilidade, são considerados *desordens* que a cultura tentará ultrapassar por meio da legitimação de uma filiação simbólica.

Do ponto de vista do psiquismo, o abandono de filhos e a infertilidade são evidências de uma ruptura existente entre o coito fecundante e a *maternagem* do filho, rompimento esse que é atravessado pelas múltiplas expressões do desejo inconsciente. A adoção, portanto, traz em seu âmago um importante paradoxo: quem gera a criança muitas vezes não encontra desejo ou sustentação social suficientes para dela cuidar. Ao mesmo tempo, faz-se necessário o desejo de paternidade ou maternidade em alguém para que a adoção possa ocorrer. Alguém que muitas vezes desconhece sobre as origens da criança que adotará e fantasia sobre o coito que a fecundou. Remetidos às fantasias ligadas à própria origem e também ao que motivou as origens daquela adoção, os pais adotivos veem-se lançados a novos e incessantes desafios psíquicos para criar significações onde elas inicialmente não existem (SILVA, 2001).

A adoção é portadora de enigmas e poderá ser uma experiência rica e fecunda se trouxer a possibilidade de reconhecimento das vivências das perdas envolvidas. Refiro-me ao *trabalho do luto*, experiência psíquica dolorosa, porém necessária.

Em *Luto e melancolia*, Freud (1917/2006) apresenta as formas clínicas da melancolia por meio da comparação com o afeto que está envolvido no luto normal:

> [...] e no que consiste o trabalho realizado pelo luto? Acho que não parecerá forçado apresentá-lo da seguinte forma: o teste da realidade mostrou que o objeto amado não mais existe, de modo que o respeito pela realidade passa a exigir a retirada de toda libido das relações anteriormente mantidas com esse objeto (p. 104).

A dificuldade em fazer o luto retirando a libido investida no objeto perdido deve-se ao fato de que, "de modo geral, o ser humano nunca abandona de bom grado uma posição libidinal antes ocupada" (p. 104). E também porque as exigências da realidade não são atendidas de imediato pelo psiquismo. Como um trabalho psíquico que é feito de modo gradativo, o luto é vivido por meio de um grande dispêndio de energia enquanto, paralelamente, a existência psíquica do objeto perdido continua a ser sustentada.

O luto implica em uma experiência dolorosa e carregada de desprazer. Como um processo de elaboração psíquica relativa às perdas – conhecidas pelo sujeito e, portanto, conscientes –, difere da expressão clínica da melancolia. A melancolia, por outro lado, indicaria uma impossibilidade permanente de o sujeito em fazer o luto do objeto que foi perdido. Importante considerar que as experiências de perdas, sejam as do objeto real ou aquelas ligadas aos ideais, podem ser vividas como luto ou desencadear um processo interminável de melancolia.

Tanto o luto como a melancolia, cada um apresentará sua especificidade na relação pais/filhos adotivos, na medida em que o processo psíquico vigente direcionará o olhar parental sobre o filho. Quando enlutados por suas próprias perdas, os pais poderão voltar-se para o filho aceitando sua alteridade e podendo construir uma história que é, ao mesmo tempo, singular e familiar. Se não ocorre o luto, o filho adotado permanece como um objeto ambíguo para os pais; como aquele que representa uma tentativa de sutura da ferida narcísica, mas também a ruptura da transcendência (SILVA, 2001).

O lugar ocupado por esse filho no imaginário de seus pais dependerá, em certa medida, de como a experiência com a infertilidade pode ser tramitada psiquicamente. Se ela puder ser suficientemente aceita, abrir-se-á perspectivas para que a criança adotada possa ser vista como alteridade. Porém, quando os adotantes não são capazes de lidar com os sentimentos de perda que a infertilidade suscita, o filho adotado se tornaria, para os pais, um objeto ambíguo; ao mesmo tempo amado e odiado por ser a prova da impossibilidade da procriação.

Se a presença da infertilidade no casal adotante aponta para uma diferença em relação à experiência da paternidade vivida pelos pais biológicos, a partir do momento em que traz para o contexto da experiência adotiva uma condição de enigma, é o trabalho de luto que possibilitará aos adotantes a desistência do projeto do filho imaginado e idealizado. Claro está que, para a criança poder encontrar um acolhimento como filho por extensão do narcisismo parental e ser por eles investida libidinalmente, necessitará ocupar um lugar de alteridade em relação àquele filho desejado e que não pôde ser concebido.

É por meio do trabalho do luto que os pais adotivos terão possibilidade de desistir do projeto do filho imaginado. A experiência do luto, num certo sentido, também se constitui em um abandono – agora referido à idealização dos pais. É o luto que favorecerá os caminhos dos investimentos necessários no filho adotado: aquele que deverá ser o representante da alteridade.

Retomando os fragmentos da escuta clínica

Betina

Levada por seu sentimento de *altruísmo*, Betina pega para criar duas crianças em situação de abandono; duas crianças deixadas pela mãe aos cuidados da vizinhança. Era intuito de Betina e de seu companheiro darem educação e carinho às crianças, *"salvar crianças"* do destino marcado por uma origem desfavorecida. A fantasia ligada à possibilidade de salvar alguém é fruto dos ideais elevados de Betina, fazendo-a acreditar que deveria consertar aquilo que a vida deixou de dar às crianças, *"mentalizando-as"*, como ela mesma diz.

Há no discurso de Betina uma oscilação caracterizada pela dúvida entre educar crianças ou ser a mãe delas. As crianças se apresentam como objeto ambíguo em relação ao lugar que elas vêm a ocupar na sua vida e no contexto familiar. Dúvida que a acompanhará, permeando as situações de conflito vividas principalmente com uma das crianças, que não corresponde às expectativas anteriormente traçadas para ela.

Sem se dar conta da complexidade que envolve a adoção do grupo de irmãos, os adotantes poderão sentir dificuldades no acolhimento das crianças, sobretudo, no início, podendo intensificar conflitos que levam a sentimentos de frustração. Isto porque em algumas situações, os pais sofreriam a princípio, pela falta de reconhecimento imediato do seu lugar enquanto pais por parte da fratria (GHIRARDI, 2014a).

A partir da vivência das dificuldades, vão se acentuando para ela, as dúvidas em relação a como experimenta a maternidade. Quando surge a ideia de devolver as crianças, a mãe biológica reaparece como destinatária, pois Betina acredita que *"criar é obrigação de mãe..."*.

Betina e Geraldo, sustentados pela idealização e por seus sentimentos de generosidade, não previam os conflitos decorrentes dos comportamentos da criança, que os fazia sentirem-se frustrados. Ao mesmo tempo, nem ela nem Geraldo achavam-se capazes e autorizados a colocarem à criança os limites necessários, já que consideravam que ela era filha de outra mãe, pertencente a outra família. Idealização que, devido à frustração do projeto inicial e das expectativas, vai se tornando vivência de fracasso. Uma vez portadores de tal sentimento de generosidade, não se autorizam a exercer funções de interdição.

O caráter dos conflitos com Edson – os comportamentos indesejáveis – e a impossibilidade para colocar limites, fazem Betina acreditar que o juiz é a única figura capaz de introduzir uma *lei* efetiva que possa conter a criança. Exteriores ao núcleo familiar ficam colocadas tanto a figura da autoridade como a própria criança, objeto heterogêneo. Esses são os primeiros ingredientes da devolução efetiva da criança, mas sua fantasia, movimento psíquico que traduz essa possibilidade, é anterior. Ela surge a partir da convicção de que nessas circunstâncias, não lhes é possível ficar com ela.

E se a criança pertence a outros, como acreditava Betina; e se pertence à mãe biológica (e não a ela), é à família biológica que Betina pretende devolvê-la. A família biológica começa a ser contatada e frequentemente referida no discurso familiar, significando o lugar de onde as crianças nunca deveriam ter saído. Nesse caso, parece que as origens da criança funcionam no imaginário parental de modo ambíguo: em um primeiro momento, como um elemento necessário para disparar a motivação para tê-las sob guarda, e seu caráter desvalorizado das origens é propiciador das experiências ligadas ao exercício das funções parentais. Posteriormente, esse mesmo caráter assume um sentido supervalorizado, apresentando-se como causa daqueles comportamentos indesejados da criança.

Se num primeiro momento a origem desvalida da criança representou a possibilidade para a adoção devido à vivência dos sentimentos de *altruísmo* e bondade, é ela agora que faz vir abaixo a fantasia onipotente de salvamento, responsabilizada pela conduta inadequada da criança. Há um fracasso no projeto narcísico e a presença da criança torna-se ameaçadora. Nesse cenário psíquico, há a convicção de que a filiação de origem não pode ser substituída pela adotiva. Constantemente referida como a responsável pelos conflitos, a origem da criança torna-se desse modo realidade impossível de ultrapassar, contrapondo-se à condição necessária para o estabelecimento de uma filiação simbólica, como é a adoção. A origem biológica das crianças passa a ser sentida então como perigosa e ameaçadora, trazendo a eles uma vivência ligada ao sinistro. Origem que não pode ser esquecida, pois é incessantemente lembrada. Neste caso, Betina parece fazer uma equação entre a origem da criança e sua própria origem, isto é, uma justaposição que teria como denominador comum o fato de terem sido ambas experimentadas como desvalorizadas.

Se, por um lado, há uma quebra dos ideais pretendidos – quando a criança, por meio de seu comportamento, não corresponde às expectativas parentais – por outro, a possibilidade de sua devolução é vivida como um conflito. Quando Betina resiste em devolvê-la, pressente que seu ato pode não ser benéfico para a criança. Tampouco para ela própria, pois tanto a manutenção da criança quanto a sua devolução são representantes do fracasso do projeto inicial idealizado. Por isso a devolução da criança à sua *origem biológica* aparece como uma saída mais tranquilizadora.

A devolução passa então a ser vista como uma saída também para a resolução dos conflitos vividos na relação com a criança. Saída para a impossibilidade do exercício da paternidade/

maternidade em cuja dinâmica percebe-se a criança como representante do fracasso parental. O que devolve então Betina? Parece que o que ela devolve são aqueles aspectos de sua subjetividade ligados ao fracasso. A hipótese é de que a devolução esteja ligada à tentativa de recuperação de um ideal perdido, cujas representações de fracasso a presença da criança incomodamente revela.

O binômio desvalorização/supervalorização das origens encontra seu correlato na significação dada ao que é da ordem da experiência com a adoção e com aquela do biológico. Em um primeiro momento, a origem desqualificada das crianças sustenta, por assim dizer, a motivação para a adoção, intensificando os sentimentos de altruísmo. Com o aparecimento dos conflitos, cai o ideal, fazendo surgir o sentimento de fracasso. Fracasso imediatamente remetido a seu próprio imaginário e às origens da criança.

A inexorabilidade da origem biológica como alteridade, apresenta-se por meio de paradoxos: necessária e perigosa. A desqualificação necessária para a adoção, faz aparecer o elemento perigoso que lhe é intrínseco, impedindo a permanência das crianças e levando-as à devolução. No entanto, a ameaça sentida é vivida no âmbito da experiência com o estranho e por isso, inquietante. Origens sinistras e, portanto, ameaçadoras.

Quando a origem biológica é referida à própria linhagem genética, é altamente valorizada. Em seu relato, Betina faz constantes comparações das crianças adotadas com os seus filhos biológicos e anteriores a esse novo casamento, enaltecendo-os. Por meio de estudos recentes sobre as ideias acerca do parentesco no Ocidente – e, portanto, sobre a adoção – tomamos conhecimento da primazia que é dada aos laços biológicos na determinação dos vínculos importantes. E mais, de que as relações biológicas são aquelas que determinam o parentesco. Desse modo, é possível pensarmos em formas de expressões do estigma na adoção que estão relacionadas ao valor cultural atribuído ao biológico. (TARDUCCI, 2008).

Aparecem também no discurso de Betina aspectos ligados às identificações, contribuindo com as dificuldades encontradas com a criança. Ao relatar seus sentimentos de ambiguidade em devolver a criança, emergem as vivências subjetivas contidas em sua história pessoal, ligadas à rejeição relatadas por ela ao término das entrevistas. A dor que sente ao devolver a criança está intrinsecamente ligada às dores de sua própria existência, e o apego que sente por uma das crianças refere-se à sua identificação com aquela que é mais rejeitada. Relata que a criança a ser devolvida era a sua predileta por ser a mais rejeitada e, portanto, aquela que mais necessitava de cuidados. Identificada com os aspectos da criança ligados à rejeição, a devolução também representava para ela, equiparar-se de alguma maneira à mãe biológica que rejeita a criança, ao não desejar/poder ficar com ela.

Betina necessitava dar filhos ao companheiro para mantê-lo junto a si, e assim reviver aspectos perdidos de sua história infantil e de seu narcisismo. Como suplente de sua mãe, busca no exercício da maternidade um olhar valorizador que a feminilidade não lhe deu. A decisão de se dedicar a *criar crianças* (os irmãos, aquelas que são abandonadas e também o filho biológico do marido) revela sua necessidade de estabelecer uma linha de identificação com a *mãe*, num movimento especular. A possibilidade da adoção aparece como uma tentativa de superação dos limites impostos pelo biológico, que a menopausa instaurou. Impossibilitada de se ver enlutada pelas perdas ocorridas, não percebe o jogo de trocas envolvido entre ela e essas crianças.

Os sentimentos de altruísmo de Betina é um fenômeno encontrado não apenas no imaginário particular de alguns adotantes, como também no imaginário social da adoção, revelando os modos como ainda hoje o tema da adoção é tão frequentemente tratado. O imaginário social a que me refiro é constituído por ideias de que o *amor* modifica todas as anteriores vivências penosas da criança e a salva do abandono original. Nesse cenário, o altruísmo representaria não apenas uma reação defensiva à vivência dolorosa diante da desvalorização experimentada com as vivências de perdas – sejam elas ligadas à experiência com a adoção ou não. Mas, e, sobretudo, revelaria uma correspondência dos sentimentos de desamparo parental projetado sobre aquela criança (GHIRARDI, 2014b).

Elizabeth e Romeu

A partir de sua infertilidade e motivada pelo desejo de dar filhos ao seu marido, Elizabeth coloca-se diante da decisão pela adoção. Após duas tentativas frustradas de inseminação artificial, a adoção é para o casal a *alternativa* para dar vazão ao desejo que, segundo seu relato sempre fora mais dele do que dela, já que ela *"nunca quis ter filhos"*. As tentativas de obter filhos pela via biológica mostram um investimento na descendência biológica como primeira opção. Concomitante ao tratamento, o casal se inscreve na Vara da Infância e da Juventude e seu primeiro filho adotado chega quando recebe a notícia da impossibilidade que teria de procriar. Essa criança que preenche suas expectativas é incluída na família e em seu imaginário fazendo-a sentir como *"uma adoção sem problemas de adaptação, pois era uma criança que não lhes dava problemas de ordem nenhuma"*. Foi a partir dessa experiência bem-sucedida que o casal se mobiliza para adotar outra criança.

A chegada de Carolina coincide com outro momento de perda para Elizabeth, ligada à morte de seu pai. Embora as características da criança não fossem aquelas inicialmente determinadas e pedidas pelo casal junto à Vara, aceitam levá-la para casa, na esperança de poderem dar um irmão para o primeiro filho. A motivação de ter um filho como o primeiro que não traz problemas, liga-se à idealização, isto é, adotar uma menina para *"formarem um casal"* e, sobretudo, dar à mãe de Romeu a neta tão desejada: *"a mãe de Romeu queria muito uma menina"*.

Os momentos em que as crianças entram na vida familiar coincidem com importantes acontecimentos na vida do casal ligados a perdas: o fracasso das tentativas de inseminação artificial e a morte do pai. Momentos cruciais em que um suposto trabalho de luto deveria entrar em curso e que a presença das crianças tem, supostamente, a missão de obturar. Luto pela infertilidade, pela impossibilidade de gerar um filho biológico e luto pela morte do pai. As vivências relatadas por Elizabeth em relação à experiência de inseminação dizem respeito aos sentimentos de *"não poder reter dentro de si a vida"*, sugerindo dor e sofrimento psíquico de grandes magnitudes. André, ao preencher as expectativas do casal por não trazer *problemas*, pôde ter acesso ao imaginário parental, ser incluído nessa família. Mas não será o mesmo destino de Carolina, que foi devolvida.

Carolina não se encaixava dentro dos modelos idealizados ao apresentar-se como alteridade, ocupando um lugar de exterioridade ao imaginário parental e suscitando ameaças a sua satisfação narcísica. Quando Elizabeth relata os sentimentos de irritação com as solicitações de Carolina, suas diferenças de opiniões e desejos, expressa a impossibilidade de ver-se por meio da menina. Carolina representava um objeto ambíguo – amado e odiado – suscitando aspectos não enlutados de sua própria feminilidade.

As questões da feminilidade, no confronto entre essas mulheres, parecem traduzir os importantes impasses na relação que apenas se iniciava entre Elizabeth e Carolina e que culminou com a devolução da menina. Carolina como filha, traz conflitos incontornáveis para o exercício da maternidade, ao espelhar aspectos da feminilidade que a mãe talvez não pudesse aceitar em si mesma.

Um importante elemento parece se somar a esse cenário onde o feminino é protagonista são as *fantasias de roubo* da criança. Elizabeth relata que elas já haviam surgido quando adotou o primeiro filho:

— *Na hora que eu peguei aquela criança, eu vi exatamente o outro lado, daquela que tava perdendo aquela criança, enquanto mulher. A mãe, alguém que é a mãe, a mulher que perdeu, estava privada de conviver com aquilo. Isso ficou na minha cabeça um bom tempo.*

Identificada com os aspectos daquela que perde o filho, a mãe biológica reaparece em cena revelando para Elizabeth o que necessitava ser obturado e dificultando a ligação afetiva com a criança. Frequentemente encontradas no âmbito de uma adoção, as fantasias de roubo denunciam a presença de outra mulher que possui bebês em seu ventre, frutos da possibilidade que ela carrega de procriá-los. Como remanescente da vivência infantil, a fantasia de roubo está ligada à relação da criança com a própria mãe, e se insere dentro das experiências com o Édipo.

Para que Elizabeth pudesse viver a maternidade das crianças que adota e não ser incomodada pela culpa de tê-las roubado, talvez precisasse se assegurar, no âmbito legal, de que ninguém mais as deseja ou queira ficar com elas. Aqui, tem fundamental importância a conclusão do processo de destituição do poder familiar que possibilita aos adotantes um reasseguramento para os investimentos afetivos na criança. A *situação indefinida* de Carolina será um elemento que intensificará as imensas dificuldades encontradas, inviabilizando as saídas para contornar e superar os conflitos existentes. Ocorre que, nessa situação, há a intensificação das fantasias de roubo e, para contorná-las acirra-se a desvalorização das origens da criança. Vale lembrar que esse é um terreno propício para o aparecimento ou intensificação daquelas fantasias de devolução da criança. Contraponto das vivências psíquicas ligadas ao altruísmo e necessária para sua manutenção, a crença na origem biológica desvalida é repetidamente lembrada, fazendo ressurgir na cena psíquica dos adotantes a criança como objeto heterogêneo, aquela que não pode ser assimilada e, portanto, ameaçadora para a satisfação narcísica de seus pais.

A fantasia onipotente de salvamento da criança é sustentada na adoção, por uma convicção nos pais adotivos de que é a criança abandonada e rejeitada aquela que pode ser desejada enquanto objeto de amor. Segundo a lógica altruísta, a criança que é desejada por outros por conter características admiráveis não pode ser possuída e adotada. Essa era a vivência de Elizabeth, que condicionava a adoção das crianças ao abandono e rejeição sofridos por elas na origem, ressaltando seus sentimentos de altruísmo, vivência que surge não apenas como defesa diante da impotência diante da infertilidade, mas, sobretudo, como um traço de identificação com o desamparo da criança.

Para Elizabeth, a *situação indefinida* de Carolina põe em evidência a família de origem como possível ameaça para sua segurança. Segundo seu relato, a família poderia vir a reclamar pela menina e obrigá-los a devolver a criança. Mesmo considerando que em tal situação, poderia ser uma situação factível, os medos intensificados, impedem o estabelecimento do vínculo afetivo com a criança, uma vez que as fantasias de roubo já se mostravam em curso. A situação indefinida da criança suscita, nos adotantes, sentimentos ambivalentes quanto aos investimentos afetivos direcionados à criança, intensificando a dificuldade de poder aceitar a singularidade e a história pregressa da criança. O contato com a diferença e a alteridade torna-se experiência inquietante e ameaçadora:

— *Criar uma filha, para a mulher é se deparar com um espelho.*

Esse contundente fragmento, suscita interrogações sobre os possíveis significados da imagem do corpo feminino refletido nesse espelho. Giberti (1992a) sublinha que adotar uma menina não é o mesmo que adotar um menino. Sempre que ocorre uma indiferença na opção de gênero da criança a ser adotada, permanece em estado latente a preferência por um outro sexo:

> A adotante poderia ver-se a si mesma, duplicada e desconhecida em uma anatomia que conhece, mas que lhe parece estranhamente inquietante, representante de uma sexualidade que

convoca imaginariamente a mãe das origens, aquela que soube conceber e parir, abertura para uma produção fecunda (p.88).

Nesse momento, poderia apresentar-se a vivência do sinistro, posto que o projeto identificatório com uma filha não poderia sustentar-se sobre um corpo que denuncia, em si, a sexualidade de outra mulher. As derivações imaginárias dessa sexualidade e sua possível fecundidade transformam a menina em *estranha*, alguém que poderia reproduzir mais tarde a fecundidade que esteve em sua origem (GIBERTI, 1992a).

A experiência desse caso diante da *situação indefinida* da criança, assim como os desdobramentos daí decorrentes que culminaram na sua devolução, nos alerta para pensar formas de intervenções com os pretendentes à adoção durante o estágio de convivência. Este período é marcado por aproximações entre os adotantes e a criança em que ambos estão sedimentando as bases do relacionamento afetivo. A sensibilidade e competência técnica dos profissionais técnicos do Judiciário são de especial valor, uma vez que a experiência de Elizabeth nos mostra como os investimentos afetivos na criança podem necessitar de um campo de sustentação que seja marcado por definições jurídicas. Nesse sentido, essa sustentação visa a amenizar as fantasias de roubo, assegurar a pertença da criança e minimizar os temores dos adotantes relativos à origem da criança.

O sentimento de altruísmo dos pais como reação aos sentimentos vividos com a infertilidade e lutos não concluídos, sustenta-se por meio da desqualificação da origem da criança. Como ferida que atinge o narcisismo, a infertilidade do casal adotante, somada a outras experiências de perdas não enlutadas, poderá inviabilizar o desejo pelo filho adotado, se não permitir aos pais viverem a adoção como um ganho. Se não ocorrem os lutos, a experiência adotiva estará irremediavelmente ligada às perdas. Nesse contexto, a criança tapa a ferida narcísica dos pais desde que preencha expectativas idealizadas, custo que terá que pagar para ser aceita e incluída em seu imaginário. Porém, essa posição exigida da criança não se dá sem perdas essenciais para a constituição de seu psiquismo e sua subjetividade. Alijada das expressões que refletem sua singularidade, não lhe é possível ascender à sua própria dimensão desejante. Como marca da diferença, poderá restar-lhe um lugar de inquietante exterioridade.

Iara e Serafim

Iara e Serafim foram atendidos quando as experiências de conflitos com Cássio atingiram o seu ápice, suscitando no casal sentimentos extremados de amor e ódio em relação ao filho. A devolução desta criança adotiva após dez anos de convívio familiar parecia eminente. Ao final do atendimento, que teve a duração de nove meses, o casal foi encaminhado para psicoterapias individuais, na mesma instituição. Até aquele momento, Cássio não havia sido efetivamente devolvido provavelmente devido à manutenção, em seus pais, dos sentimentos de ambivalência presentes nas vivências de conflito. Contraparte da experiência de idealização, os conflitos sustentavam ambos os pais em posições alternadas entre amor e ódio pelo menino.

Duas linhas de análise parecem nortear as dificuldades encontradas por esse casal e ambas, colocam em xeque o exercício da paternidade/maternidade. A primeira refere-se às frustrações vividas em relação aos ideais parentais não correspondidos por Cássio. As frustrações apareciam principalmente em relação aos comportamentos indesejáveis do filho e o sexo da criança pretendido para a adoção. O casal pretendia adotar uma menina para realizar o sonho de Iara de ser mãe de uma mulher, após os dois filhos biológicos serem homens adultos. Impossibilitados de manterem-se sustentados nesse desejo, o casal se vê capturado pela presença de uma criança do sexo masculino que estava muito doente e, de acordo com o que relatam, precisava muito de seus cuidados para poder sobreviver. Por serem um casal muito religioso, eles concluem que cuidar dessa criança é sua missão. Essa é a linha da idealização, da motivação *altruísta* para a adoção, que trará desdobramentos específicos e também apareceram nos relatos de Betina e Elizabeth/Romeu.

Iara e Serafim mostram-se extremamente rígidos quanto ao que esperavam da conduta do filho e então os deslizes da criança eram tomados como uma grave ofensa pessoal, suscitando intensas reações de raiva e ira ao se verem atingidos pela frustração daqueles ideais formulados para o filho. Essa situação suscitava em todos os envolvidos com Cássio uma experiência de fracasso que tendia a culminar na sua devolução.

Decorrentes da idealização aparecem imensas dificuldades de Serafim em exercer funções ligadas ao limite e à contenção dos comportamentos indesejáveis do filho. Destituindo a si mesmo do lugar paterno de interdição, Serafim atribui à figura do *juiz* o saber sobre o filho e o poder de decidir sobre os destinos da criança. Desse modo, acredita que o Judiciário é quem tem o *saber* sobre a *lei*. Assim ele dizia:

— *Ameaço de levar a questão pro juiz, pra* [ele] *abrir a sua cabeça e convencê-lo a mudar de comportamento.*

A necessidade de buscar segurança na lei e na justiça como forma de mediação para as questões do desejo surgiu nos primórdios da história dessa adoção. Serafim embora estivesse motivado a cuidar da criança a pedido de sua mãe biológica, condicionava a permanência de Cássio na família a uma desistência formal assinada pela mãe biológica na presença do juiz, ou então a um boletim de ocorrência. Embora a desistência seja um ato necessário em toda adoção, ao legalizar a guarda dos pais e abrir as possibilidades para análises importantes relacionadas à destituição do *poder* familiar, para Serafim teve um sentido muito especial ao se enlaçar às já citadas *fantasias de roubo* da criança. Serafim passou a sentir muita angústia e temores de que a mãe biológica pudesse mentir na justiça dizendo que eles haviam roubado a criança e com isso prejudicar sua carreira profissional.

Embora todos os trâmites da adoção tenham ocorrido de acordo com os prazos legais, a figura da mãe biológica continuou presente no discurso familiar e no imaginário destes pais como um objeto ambíguo. Referida por vezes como aquela que é inapta para criar os filhos e desse modo ressaltando os sentimentos de bondade de Iara e Serafim, em outros momentos representará a supervalorização da maternidade biológica: raiz dos problemas apresentados por Cássio, aquela que deve cuidar e também a quem ele deveria ser devolvido.

A presença dos conflitos com o filho abalam a confiança e a convicção de Iara com a maternidade, trazendo sentimentos confusos em relação à referência de quem é a mãe de Cássio. Há então a presença de uma oscilação entre assumir-se como mãe e atribuir a maternidade àquela que o abandonou. Iara precisava sentir-se enaltecida e idolatrada pelo filho como retribuição pelo seu gesto inicial. A adoção de Cássio e a relação construída com ele assentaram-se na convicção da bondade de seus pais ao salvá-lo do vírus mortífero do HIV. Sentindo-se fracassada como mãe de Cássio, é a idealização que vem abaixo e seus sentimentos de frustração fazem de Cássio o filho representante do fracasso.

Nesse contexto, a devolução da criança assume o sentido do fracasso do ideal traçado pelos pais e representa uma tentativa de recuperação da parcela remanescente desse narcisismo ferido. Como experiência soldada ao narcisismo parental, o ideal narcísico perdido é vivido como experiência insuportável:

Iara: *Não foi isso que sonhei quando peguei Cássio pra criar; será que eu mereço tanto sofrimento? Ele [Cássio] acha que eu mereço.*

Serafim: *Não aguento mais, agora é pra valer, eu vou devolver o Cássio. Dou amor e olha como ele retribui. Não tem jeito de consertar esse menino.*

O fracasso dos pais quando *encarnado* pela criança coloca abaixo o projeto da adoção. Representante do sinistro e objeto heterogêneo, a criança fica constantemente remetida a uma origem outra, aquela que nunca deixou de ser a sua, mas inacessível. Ao meio de um caminho, e representante de um fracasso que os pais adotivos tendem a atribuir às origens e às condições desvalorizadas de uma origem/mãe biológica. É Iara quem comenta:

— *É a índole dele. É o instinto ruim.*

A devolução seria para os pais a tentativa desesperada de resolver os conflitos com a alteridade de uma origem desvalorizada, responsável pelas condutas inaceitáveis do filho. Incapaz de preencher as expectativas de Iara e Serafim, Cássio encarna o fracasso dos ideais parentais. A devolução de Cássio à mãe biológica, significaria um reenvio desses aspectos ligados ao fracasso, algo sentido como perdido e que esta figura é depositária. Cássio como representante do fracasso, no imaginário destes pais, pertence a ela e não a eles próprios. O trabalho de luto pelos ideais está ausente neste casal, que exige e sofre muito por Cássio não caber dentro do modelo estabelecido por eles. A idealização é sustentada pelo casal inclusive quando eles se põem a imaginar as saídas para a situação de conflito, seja no desejo de busca de um colégio interno para afastar Cássio de casa durante a semana, na esperança de um *milagre* que mude o comportamento do menino ou então quando remetem-se às figuras do juiz e da terapeuta para "*abrir a cabeça de Cássio*". Não será a devolução também uma tentativa idealizada de recuperar os ideais perdidos?

Considerações finais

A análise das motivações dos pais adotivos para a devolução da criança insere-se no âmbito das experiências ligadas ao abandono e rejeição. Embora estas vivências possam ser encontradas em qualquer família, aos pais biológicos não cabe devolver a criança. Quando ocorrem situações extremadas que lhes impossibilitam ficar com o filho, os pais biológicos o entregam ou então, o abandonam. Portanto, como possibilidade ou vicissitude, a *devolução* está inserida no campo das experiências com a adoção, constituindo-se como uma reedição de vivências anteriores ligadas ao desamparo e mobiliza intenso sofrimento psíquico tanto para a criança como para os adotantes. Valorizar esse caráter de reincidência é fundamental, sobretudo, em contextos como o Judiciário, lugar onde ocorrem o acompanhamento e a seleção dos candidatos à adoção.

O estágio de convivência que, em geral, coincide com o período em que os adotantes possuem a guarda da criança, revela ser um momento crucial para o estabelecimento da relação afetiva entre pais e filhos adotivos. Os variados sentimentos experimentados pelos adotantes durante esse período estão relacionados à complexidade instaurada pelo inusitado e o enigmático da adoção. Sentimentos de incertezas e expectativas podem caracterizar vivências ambíguas e geradoras de angústia.

O estágio de convivência tem como fundamentos permitir a adaptação da criança em seu novo entorno familiar, e também favorecer o estabelecimento das bases afetivas entre a criança e o adulto. Por ser o momento inaugural da relação afetiva entre os adotantes e a criança, porta uma condição de enigma. Marcado pela presença de sentimentos contraditórios, representa, ao mesmo tempo, o inédito e o assustador. Dessa maneira, apresenta um caráter de fragilidade para o estabelecimento do vínculo da criança com o adulto uma vez que traz consigo o germe da *devolução*: receio de que a criança *tenha que ser devolvida*, e também, em razão da permissão contida na lei, para que desistam da criança por meio da *restituição*. Acresce-se a esses fatores a possibilidade da criança apresentar, durante esse período, uma condição legal ainda não completamente resolvida que a habilita à adoção. Os adotantes que necessitam estar amparados e assegurados por uma legalidade que é externa à sua subjetividade, podem sentir dificuldades em legitimarem-se como pais, acarretando instabilidade ao vínculo com a criança. Estas foram experiências relatadas pelos casais Elizabeth/Romeu e Iara/Serafim:

Elizabeth: *A menina lembrava da própria mãe, pois tinha convivido bastante com ela, inclusive dizia que eu não era sua mãe. Ela pedia uma família e quem pede uma família é porque a tem.*
Serafim: *A mãe biológica não queria ir à delegacia fazer boletim de ocorrência e então eu não queria ficar com Cássio, porque achava que ela podia ir à polícia e mentir, dizendo que a gente roubou a criança e aí me prejudicar.*

A falta de amparo legal para a guarda da criança pode gerar nos adotantes a fantasia de tê-la roubado, e de não ter legitimidade sobre ela. A fantasia de roubo, amiúde experimentada pelos adotantes, é a *contraparte da fantasia da devolução*. Vivida ora como a apropriação indébita da criança, ora como temor de que a família de origem possa vir a reclamar por ela, realça a presença de sentimentos ambivalentes em relação à criança.

Realço aqui a importância do profissional da Vara que acompanha os adotantes e as famílias durante esse período. Valorizar a presença dos sentimentos ambivalentes e a angústia dos adotantes é favorecer a abertura de um campo de escuta que possibilita a circulação de palavras para vivências subjetivas que, em função de sua magnitude, tendem a tornar-se *ato* – de devolução. Nessa *dança* da aproximação afetiva, a criança também precisa ser considerada, não apenas em sua legitimidade social, mas, fundamentalmente, em sua subjetividade. A certidão emitida por ocasião da sentença da adoção *apaga as referências ligadas à sua história anterior*, porém, não se apagam as marcas de sua vivência psíquica e sua trajetória de vida. Daí a importância em historiar a experiência. Uma vez que o reconhecimento da criança como filho não será dado a partir das representações do corpo somático, das experiências com a gravidez e o parto, os adotantes deverão retomar a própria história pessoal como filhos, identificados com a fertilidade simbólica de seus próprios pais, resultando na construção de uma narrativa pessoal da própria história e da história da experiência com a adoção. Oferecer ao adulto, mas também à criança um campo de escuta é favorecer a eles a possibilidade de sua *historicização*, processo fundamental de subjetivação, de singularidade. Silva (2011) lembra que:

> [...] O desafio é criar uma história, recheada de metáforas e metonímias, que propõe a compreensão da relação entre adotantes e adotados por meio de interpretações simbólicas. A revelação da adoção não é só descoberta, mas invenção de uma história. Isso marca sua diferença (p. 171).

Podemos perceber que a trajetória para a adoção é marcada por vivências que remetem às histórias de impossibilidades. Esse encontro afetivo entre a criança e o adulto, que a adoção propicia, é decorrência da existência de outros desencontros que, uma vez ultrapassados, podem caracterizar a adoção como uma experiência criativa. No entanto, no exercício da clínica psicanalítica, deparamo-nos com situações de grande magnitude e complexidade, quando a dupla pais/criança não consegue levar a cabo as expectativas de inclusão imaginária da filiação. A devolução então aparece como uma experiência ligada a esse fracasso.

Como um projeto ligado à filiação, a adoção responde a um ideal de paternidade e maternidade que tem como fundamento o narcisismo parental, como todo projeto de filiação, seja ela biológica ou adotiva. No entanto, o encaminhamento do desejo por um filho depara, na adoção, com um percurso fortemente marcado por histórias de impossibilidades e desencontros, devido aos desdobramentos psíquicos com a experiência da infertilidade. Na presença da infertilidade no casal, a adoção é buscada como uma alternativa para dar seguimento ao desejo original ligado à procriação biológica. Sob esse prisma, a adoção revela uma dupla vertente: o desejo e a castração, abalo narcísico que poderá interferir no encaminhamento da satisfação do desejo de filhos. A experiência clínica com as situações da adoção revela que essa é uma clínica que traz em sua borda as singularidades de cada adotante sintonizadas com as questões do desejo por um filho (GHIRARDI, 2014b).

Os arranjos psíquicos necessários para lidar com a ferida aberta no narcisismo parental serão singulares e podem ser muito variáveis. Porém, novas pesquisas poderão ampliar importantes entendimentos acerca do lugar que o filho adotado vem a ocupar no imaginário parental, dependendo de quem é o elemento do casal que é infértil e quem é aquele que abre mão da filiação biológica.

Para ultrapassar a impossibilidade de procriação instaurada pela infertilidade, vemos surgir nos adotantes pesquisados, sentimentos ligados ao *altruísmo* e a crença na própria bondade. Vivência narcísica por excelência, o altruísmo constitui uma defesa contra a percepção dos sentimentos de autodesvalorização suscitados:

Betina: *Eu queria tirar ele do sofrimento, porque ele tava sofrendo ali. Eu queria tirar da rua, era pra ajudar, para dar um amor pra ele.*

Iara: *Sempre há crianças em situação precária, precisando de cuidados e educação.* — Ao referir-se aos motivos da adoção de Cássio.

A crença na própria bondade implica na atribuição de maldade àqueles que abandonaram a criança, os representantes das origens biológicas que, por sua vez, serão vistos como desqualificados:

Elizabeth: *As pessoas com problemas mentais não são monstros.* — Referindo-se à mãe biológica.
Betina: *Eles tinham mãe que não cuidava deles, o pai, não era flor que se cheire, por isso mataram ele.*
Iara: *A mãe dele diz que não nasceu pra criar filho. É a índole dele. É o instinto ruim.*

Outra vertente psíquica para lidar com a castração será a idealização. A idealização da criança e da adoção ao desconsiderar os conflitos inerentes à relação afetiva, abre as portas para a vivência do fracasso. Uma vez instalado, o sentimento de fracasso pode suscitar nos adotantes a fantasia de devolver a criança. Dessa maneira, a criança torna-se portadora das vivências inelutáveis dos adotantes que se referem aos ideais, ocupando um lugar de exterioridade:

Betina: *Eu fiquei muito feliz com a chegada deles, todos nós nos adaptamos muito bem, facilmente, parecia que já conhecia eles há muito tempo.*
Elizabeth: *Foi uma adoção sem problemas de adaptação, pois todos se relacionavam bem. Foi uma adoção maravilhosa. O André não me dá problemas de ordem nenhuma.* — Ao se referir à adoção do primeiro filho, experiência que esperava repetir com Carolina
Elizabeth: *A gente achou que ia ser um Natal diferente e foi um Natal pesado; a família era bonita na foto.*
Iara: *Não foi isso que sonhei quando peguei Cássio para criar.*
Serafim: *Cássio hoje é esse que representa o lobo mau da história, representa o fracasso. Nós damos tudo a ele e ele não dá retorno.*

Iara: *Não que eu peguei o Cássio para ele me idolatrar, me adorar, não.*

Se por um lado, a adoção precisa constituir-se como um projeto dos adotantes referido ao âmbito do narcisismo, a potencialidade narcísica exacerbada faz aparecer uma rigidez em relação aos ideais pretendidos para a criança, inviabilizando seu reconhecimento como semelhante, porém dentro do campo da alteridade. Ao funcionarem como condição de inclusão da criança e garantir sua permanência na família, os ideais parentais precisam ser flexíveis o suficiente para permitir o aparecimento e a aceitação da singularidade da criança. Concordamos com Oliveira (2010) que "pensar no contexto familiar em casos de devolução é fundamental para a elaboração de sentidos e entendimento da dinâmica específica que leva um casal a devolver a criança. É na relação parental que emergem os primeiros contornos para o filho que chega, seja pela via da adoção, seja pela gestação convencional, ou por qualquer outro recurso" (p. 116).

De acordo com percepções encontradas em minha pesquisa e também na pesquisa ulterior de Oliveira, é possível afirmar que a devolução revela uma vivência de estranheza na relação parental em que a criança não pode ser reconhecida enquanto alteridade possível de ser inscrita no imaginário dos pais. Em tal cenário, o surgimento da subjetividade da criança, evidência de sua alteridade, poderá ser experimentado pelos adotantes como *inquietante estranheza*, ficando reservado a ela um lugar de exterioridade ao imaginário parental. A criança ficaria sendo vista, pelos adotantes, como representante daqueles aspectos psíquicos que são experimentados como ameaçadores e, sua presença, torna-se perigosa. Ao encarnar o fracasso do projeto idealizado dos adotantes, a devolução da criança poderá representar uma tentativa de recuperação desses ideais.

Mantendo-se na instância ligada aos ideais e portadores de sentimentos ligados à bondade, os adotantes podem encontrar imensas dificuldades para colocar os necessários limites e conter os comportamentos indesejáveis da criança. Sem saber como exercer uma lei que seja efetiva, a devolução fica colocada, para os adotantes, como a única saída possível, a saída angustiante e desesperada:

Betina: *A gente não podia ficar batendo neles porque eram propriedade do governo.*
Betina: *A gente pode até se complicar por causa dessas crianças, então vamos deixar ele com o juiz, que o juiz sabe o que faz.*
Serafim: *Ele "descarrilhou" de vez. Ameaço ele de levar a questão pro Juiz.*

Mas, *devolver para quem?*
A devolução denuncia o fracasso dos ideais de ego dos pais para aquela criança e, portanto, revela a impossibilidade de sua inclusão imaginária como filho. Nessa situação, a adoção fica relacionada ao *estranho*, uma vez que os adotantes não podem encontrar o que deveria ser o familiar. Quando a criança é tomada como um objeto heterogêneo, as suas origens e a sua mãe biológica circulam no discurso familiar com a insistência de quem não consegue *esquecer*. Contudo, esse esquecimento necessário não significa apagamento e encobrimento. As origens da criança representam seu patrimônio histórico e constituem parte essencial de sua subjetividade e singularidade. Sob este prisma, não podem ser esquecidas e sim valorizadas e consideradas. No entanto, a insistência com a qual retornam no discurso dos pais adotantes revela uma *expressão sintomática da devolução,* por traduzir uma tentativa de criar uma *desapropriação*, atribuindo uma pertinência à criança, que é externa ao núcleo familiar. À criança então, resta-lhe ficar endereçada a um *não lugar* imaginário, a um *não desejo* parental. Deste modo, revela-se o sentido da devolução como o movimento retroativo que lhe é intrínseco.

Uma vez referida a outro lugar que não o imaginário desses pais, a criança e sua origem biológica tomam força de uma realidade que não pode ser ultrapassada. Se os adotantes não encontram os recursos necessários para alcançar a simbolização das origens, a criança não pode vir a tornar-se familiar e constituir o vínculo de filiação simbólica, fundamento da adoção.

Quando a origem da criança ocupa um lugar de proeminência e é experimentada com ambiguidade, ressalta atribuições de sentidos paradoxais. Ela é vista ao mesmo tempo como desqualificada e salvadora. As dificuldades com a origem biológica da criança estão, a meu ver, frequentemente ligadas às fantasias pessoais de cada adotante e, também, ao imaginário social construído acerca da mãe que entrega o filho para a adoção. Muito amiúde excluída dos estudos que permeiam o campo da adoção, a entrega do filho coloca em xeque o mito do instinto materno, do amor materno inato e incondicional. Desconsiderada em seu próprio abandono e história, a mãe biológica, com seu gesto, realça que o tema é delicado, bastante complexo, permeado por tabus e preconceitos. Ao mesmo tempo em que sua vivência psíquica está fortemente ligada ao desamparo, fonte de angústias inomináveis e que tem de ficar silenciado.

O caráter de desvalorização da origem da criança fica realçado uma vez que é ele que sustenta, para os adotantes, os sentimentos de bondade que, na vivência da devolução são mais intensificados, e têm como função compensar a maldade que o gesto da devolução pode vir a representar. Se, para os pais que devolvem a criança, a vivência representa o fracasso, este é projetado sobre a família biológica, que nunca deveria ter abandonado a criança. Os adotantes passam a acreditar que é lá o lugar de onde a criança nunca deveria ter saído ou, então, deveria estar:

Betina: *Edson está agora com a mãe porque ninguém quer ele. E eu acho que criar é obrigação de mãe, viu?*

Elizabeth: *É outra cultura, é outro lugar, quem sabe não tem uma avó lá. A gente vê as avós, ficam preocupadas com as crianças, né? "Sumiu com a minha menina!"*

Iara: *Outro dia eu perguntei pra ele se ele quer ir morar com sua mãe. Eu falo para ele que ele é o filho preferido dela. Eu falo que ele tem duas mães.*

Essa mesma família biológica é sentida também como salvadora, por amenizar a culpa pela devolução. A volta da criança para a família biológica, sua devolução à mãe biológica restaura, por assim dizer, uma parcela do ideal de ego e do narcisismo que seria perdida com a devolução.

A família adotante poderá vir a encontrar na família biológica um elo que os une, revelando a existência de traços de identificação que acentuam a convicção da devolução. Percebe-se pelos relatos apresentados que a devolução, ou a fantasia subjacente, retira os adotantes dos lugares identificados com a paternidade/maternidade daquela criança. Quanto maior a crença na existência da família biológica como o lugar *ideal* para aquela criança, maiores as chances dos adotantes destituírem a si mesmos do lugar de paternidade/maternidade. Alinhados com aqueles que abandonam e rejeitam a criança, os adotantes tomam como objeto de identificação os procriadores da criança, constituindo uma *identificação bizarra*, nas palavras de Giberti (1992a):

> [...] a identificação com as figuras dos progenitores do filho adotivo ocupando o lugar dos pais adotantes que, não tendo podido conceber, mas apenas ser pai/mãe, perdem, por meio da imagem refletida, uma parte de seu objeto original total: os próprios pais em sua tarefa de procriadores (p. 43).

Se os pais adotantes não podem se identificar com a capacidade procriadora de seus próprios pais, a infertilidade ganha destaque como uma experiência relevante dentro do contexto da paternidade/maternidade adotiva. Os modos como ela será tramitada psiquicamente pelos adotantes serão decisivos na constituição da relação afetiva com a criança, uma vez que a falta de um fundamento no *corpo* pode constituir-se em defesa desorganizadora para as identificações:

> [...] no fundamento existe uma ferida narcisista, uma dificuldade para alcançar o sentimento de si, que só se alcança quando o ideal coincide com o *eu*, ou está próximo. Para defender-se dessa ferida narcisista realizam essa *identificação bizarra* que constantemente mostra sua eficácia sob a forma do *sinistro* (GIBERTI, 1992a, p. 48).

Os adotantes, ao experimentarem a angústia da queda do ideal podem viver a devolução da criança para a família biológica como uma possibilidade de fazê-los recuperar, dentro da lógica do ideal, algo que eles sentem que lhes foi roubado e, portanto, perdido.

Para que a criança seja acolhida nessa família e fazer parte de um imaginário parental que aceita sua singularidade, sem que esta se transforme em *inquietante estranheza*, faz-se necessária a ocorrência de certos processos psíquicos por parte dos adotantes. O processo psíquico em torno das identificações passa a ser fundamental para que haja o acolhimento da criança dentro de uma referência que lhes seja *familiar*. Desse modo, a inserção e reconhecimento da criança como filho dependerá de que os adotantes possam atribuir-lhe certas semelhanças, encontrando nela o que pode vir a ser familiar, em um campo relacional de alteridade.

Se a adoção é entendida como a instalação de paternidade/filiação de ordem simbólica que permite aos pais adotivos confirmarem a criança como filho, não será a devolução uma espécie de falência da ordem simbólica ligada à filiação?

Sem pretender que este livro esgote as reflexões sobre as dificuldades dos adotantes para constituir ou sustentar a relação afetiva com a criança, ressalto o necessário trabalho de *luto;* trabalho psíquico a ser realizado diante das perdas intrínsecas à experiência adotiva, para que os adotantes possam se reafirmar no lugar da parentalidade: superação das dores ligadas à ausência do filho concebido biologicamente e elaboração dos conflitos gerados pelo desconhecimento das origens do filho adotado (SILVA, 2007).

Quando somadas a *outras perdas*, essas perdas intrínsecas alcançam magnitudes que podem constituir-se em fatores de risco para a ocorrência da devolução. As perdas a que me refiro não dizem respeito apenas à morte de um filho que precede a adoção ou de alguém próximo e significativo, aos moldes da experiência de Elizabeth (que foi relatada nesta pesquisa). As perdas que quero enfatizar são aquelas ligadas aos *ideais*.

Nos três casos pesquisados encontram-se evidências de importantes perdas no âmbito dos ideais de ego dos adotantes. Essas experiências ocasionaram uma ferida de difícil cicatrização para os adotantes, uma vez que esgarçaram a rede de sustentação do narcisismo. A devolução, nos casos estudados neste trabalho, significou uma tentativa de recuperação desses ideais, uma vez que estava em xeque a sobrevivência de aspectos fundamentais da subjetividade:

Betina: *Eu fiquei meio perdida, sabe? Eu tinha que escolher ou eu/ele ou as crianças.*

Dizia, por meio de um lapso, o quanto se via dividida e encurralada entre a criança e o companheiro. O *eu* estava sob ameaça.

Elizabeth: *Na realidade, criar uma filha para a mulher é se deparar com um espelho.*

Na possibilidade de ser uma boa mãe apenas de meninos, Elizabeth apontava a visão de uma imagem de impossibilidades que era refletida sobre a menina. A mulher e a feminilidade sob ameaça.

Serafim: *Ele é diabólico, é o diabo me tentando e eu já disse a ele que se eu pego, eu torço, espremo e mato.*

Serafim pedia continência para impulsos violentos que ameaçavam o *eu*.

Quero salientar que a experiência da devolução é, muito frequentemente, acompanhada de sentimentos de dor, conflito, angústia e culpa para os adotantes. Vivências que traduzem um elevado nível de sofrimento psíquico, tanto para eles como para a criança/adolescente. Como vimos, se a adoção partiu de bases idealizadas, o sentimento de fracasso surge como seu corolário, revelando um necessário movimento retroativo que deixa marcas a serem elaboradas.

A partir deste estudo, não é possível tecer afirmações relacionando a *devolução* com o quadro clínico da melancolia, porém, nos três casos pesquisados, os adotantes revelam que há a presença de importantes experiências subjetivas ligadas às perdas narcísicas não elaboradas. O trabalho de Freud (1917/2006) poderá servir de parâmetro para novas investigações a respeito das variações das expressões clínicas da melancolia no contexto da devolução: "a melancolia, cuja definição varia inclusive na psiquiatria descritiva, assume várias formas clínicas, cujo agrupamento numa única unidade não parece ter sido estabelecido com certeza" (p. 275).

Diante da fragilidade psíquica dos sujeitos estudados, destaca-se a importância de considerar o *trabalho de acompanhamento aos candidatos à adoção* um campo aberto de escuta que possa viabilizar a palavra dos adotantes, suas angústias e temores. Penso na importância de um acompanhamento que privilegia a escuta e possibilita a criação de narrativas sobre a experiência com a adoção. Acredito que o processo de habilitação dos candidatos supõe um acompanhamento sensível que por si só, poderia equivaler à *preparação para a adoção*, aspecto obrigatório das novas regras da Lei de 2009, citada na introdução deste livro, e que preconiza a preparação dos adotantes como obrigatória.

Ao tocarmos no tema do acompanhamento dos candidatos, ressalto a importância fundamental do acompanhamento das crianças que estão à espera da adoção, daquelas que estão vivendo a transição entre o abrigo e a família adotiva e também daquelas que já estão inseridas no novo contexto familiar. O acolhimento das dificuldades desses distintos momentos requer uma compreensão da importância da criação de novos significados para tais vivências, numa perspectiva de elaboração psíquica. Como ressalta Peiter (2011): "[...] a elaboração de narrativas que integrem passado e presente trazem significados àquilo que foi vivido por pais e filhos, mas, acima de tudo, permitem uma vinculação afetiva na nova rede familiar que permitirá construções de outras histórias" (p. 120).

Elizabeth mostrou-se impossibilitada de cuidar de uma menina, visto que ela lhe suscitava dificuldades ligadas à sua feminilidade, mas o mesmo não ocorria em sua relação com os outros dois meninos adotivos. Uma escuta sensível pode vir a favorecer uma aproximação mais efetiva entre a criança e os adotantes; uma aproximação que responda às necessidades afetivas de ambos. Serafim recorria ao Judiciário por não conseguir efetivar a lei paterna, conter a própria agressividade e a do filho que queria devolver. Betina se equivoca e se *atrapalha* nos sentimentos de altruísmo e bondade, frutos da tentativa de recuperação de aspectos de seu narcisismo infantil.

Não é possível fazermos prognósticos confiáveis e adquirirmos garantias de que uma adoção será fecunda e criativa. Entretanto, uma escuta cuidadosa por todos aqueles profissionais que acompanham o processo da adoção pode favorecer o surgimento desses aspectos da subjetividade dos pais que colocam riscos para uma adoção.

Ao deparar com alguns raros estudos sobre a *devolução* pouco tempo após o término desta pesquisa, constatei que psicanalistas italianos encontraram, em seus estudos, realidades muito semelhantes às aqui apresentadas. Estudos que visam à ultrapassagem de conflitos entre a criança e o adulto:

> [...] a meu ver, as reflexões sobre os mecanismos que concorrem para a falência [da adoção] representam uma tarefa inevitável para todos aqueles que consideram a adoção como uma resposta às necessidades da criança [...] e enfrentam tal trabalho numa ótica clínica e de prevenção, tanto com a criança, quanto com os adultos (GALLI, I., p. 12).

Sabemos pela psicanálise que, quando silenciadas, as palavras tornam-se *atos* que podem representar repetições daquilo que não faz sentido ou daquilo que é sentido como muito angustiante. "O movimento inicial de devolver os filhos pode dar lugar a uma preocupação genuína em descobrir caminhos para sanar as dificuldades existentes" (QUEIROZ, 2006). Assim demonstrou a experiência do casal Iara e Serafim, que *adiaram* a devolução de Cássio e buscaram saídas outras por meio da escuta de suas angústias. Iara e Serafim chegaram para atendimento clínico em decorrência do sensível acolhimento e da intervenção dos profissionais técnicos da Vara, que não aceitaram apressadamente a devolução da criança. Minha experiência clínica também revela situações em que os adotantes, ao serem acolhidos em sua angústia diante da fantasia de devolução, expressam o alívio e até satisfação em constatar que "a devolução não precisa ser a única (e a última) saída para ultrapassar os intensos conflitos com a criança" (sic). Outras são as situações em que não se pode conter o *ato* da devolução e, também aquelas em que ela pode até se fazer necessária, quando traduz sentimentos extremos de rejeição dos adotantes, e entende-se que a criança não deve continuar a sofrer os maus-tratos decorrentes dessa forma de abandono. A devolução pode vir a representar um ganho para a criança dentro da lógica da menor perda.

Uma das contribuições que este livro pretende deixar refere-se aos subsídios para os profissionais técnicos do Judiciário, visto que, na contemporaneidade, é significativo o contingente daqueles convocados a trabalhar como psicanalistas nessa área. Ao acolher as angústias dos adotantes diante dos intensos conflitos familiares ou frente a uma possível devolução da criança, torna-se fundamental favorecer o surgimento dos aspectos da dinâmica subjetiva. A abertura de um campo de escuta equivale a uma aposta na força da palavra e é a *palavra* que poderá subverter o ato da devolução. Ao mesmo tempo, o acolhimento da angústia dos adotantes e sua urgência em devolver a criança, representa sustentar uma posição de escuta para com a devolução, em si mesma; isto é, abrir espaço para o *pensamento* como ferramenta para reverter o *ato* – agora do profissional técnico que se vê frequentemente *afetado* contra-transferencialmente pelo desamparo infantil.

Como escutar então a devolução? Como escutar *aquele pedido* de devolução? Uma demanda formulada de devolução é demanda de quê? Penso que essas são questões cujas tentativas de respostas poderão abrir, para o profissional técnico, um novo campo para compreensões inusitadas.

Sabemos que processo de adoção dentro do contexto do Judiciário apresenta vicissitudes diferentes daquelas apresentadas na clínica psicanalítica. Guardadas as especificidades de cada área, a noção de conflito é compreendida diferentemente pela Psicanálise e pelo Direito. Enquanto a prática psicanalítica busca dispor o conflito em termos *interpretáveis*, a prática do Direito busca dispor o conflito em termos *decidíveis*, conforme a sua subsunção às normas jurídicas (CAFFÉ, 2003).

Uma hipótese que este estudo levantou é a de que as relações adotivas fortemente marcadas por conflitos entre pais e filhos poderão ser efetivamente sustentadas se puder ser mantida a tensão conflituosa, entendendo-se essa tensão como uma dimensão constituinte do mal-estar fundante da subjetividade.

Referências

ASSOCIAÇÃO DOS MAGISTRADOS BRASILEIROS (AMB). Novas regras para a adoção. *Guia comentado*, s/d.

ASSOUN, PAUL-LAURENT. *Lecciones psicoanalíticas sobre la angustia*. Buenos Aires: Nueva Visión, 2003.

BIRMAN, J. *Psicanálise, ciência e cultura*. Rio de Janeiro: Zahar, 1994.

_____ *Por uma estilística da existência*. São Paulo: Editora 34, 1996.

_____. *Estilo e modernidade em psicanálise*. São Paulo: Editora 34, 1997.

_____. A questão do sentido hoje. In: BEZERRA, B.; PLASTINO, C. A. *Corpo, afeto, linguagem*. Rio de Janeiro: Contracapa, 2001.

CAFFÉ, M. *Psicanálise e Direito*. São Paulo: Quartier Latin, 2003.

ECA, Estatuto da Criança e do Adolescente. RSG gráfica, 2005.

FERREIRA, A.B.H. *Aurélio, dicionário da* língua portuguesa. Rio de Janeiro: Positivo, 2004.

FERREIRA, M. R. P.; CARVALHO, S. R. *Primeiro guia de adoção*. São Paulo: Winners Editorial, s/d.

FRASSÃO, M. C. G. O. *Devolução de crianças colocadas em famílias substitutas*: Uma compreensão dos aspectos psicológicos, através dos procedimentos legais. Florianópolis: Dissertação de Mestrado, Universidade Federal de Santa Catarina, 2000.

FREUD, S. (1895). *Projeto para uma psicologia científica*. Rio de Janeiro: Imago, ESB, 1976. v. I.

_____. (1897a) *Carta 61*. Rio de Janeiro: Imago, ESB, 1976. v. I.

_____. (1897b) *Carta 69*. Rio de Janeiro: Imago, ESB, 1976. v. I.

_____. (1897c) *Manuscrito L*. Rio de Janeiro: Imago, ESB, 1976. v. I.

_____. (1897d) *Manuscrito M*. Rio de Janeiro: Imago, ESB, 1976. v. I.

_____. (1897e) *Manuscrito N*. Rio de Janeiro: Imago, ESB,1976. v. I.

_____. (1899a) *Carta 101*. Rio de Janeiro: Imago, ESB, 1976. v. I.

_____. (1899b) *Lembranças encobridoras*. Rio de Janeiro: Imago, ESB, 1976. v. III.

_____. (1907) *Delírios e sonhos na gradiva de Jensen*. Rio de Janeiro: Imago, ESB, 1976. v. IX.

_____. (1909) *Romances familiares*. Rio de Janeiro: Imago, ESB, 1976. v. IX.

_____. (1914a) Uma introdução ao narcisismo. In: *Obras psicológicas de Sigmund Freud*. Trad. Luiz Alberto Hanns. Rio de Janeiro: Imago, 2004. v. 1.

_____. (1914c) *A história do movimento psicanalítico*. Rio de Janeiro: Imago, ESB, 1976. v. XIV.

_____. (1915a) *Sobre o inconsciente*. Rio de Janeiro: Imago, ESB, 1976. v. XIV.

_____. (1917) Luto e melancolia. In: *Obras psicológicas de Sigmund Freud*. Trad. Luiz Alberto Hanns. Rio de Janeiro: Imago, 2006. v. 2.

_____. (1918) *O tabu da virgindade*. Rio de Janeiro: Imago, ESB, 1976. v. XI.

_____. (1919a) *Linhas de progresso na terapia psicanalítica*. Rio de Janeiro: Imago, ESB, 1976. v. XVII.

_____. (1919b) *Sobre o ensino da psicanálise nas universidades*. Rio de Janeiro: Imago, ESB, 1976. v. XVII.

_____. (1919c) *O estranho*. Rio de Janeiro: Imago, ESB, 1976. v. XII.

GALLI, J.; VIERO, F. *Fallimenti adottivi – prevenzione e riparazione*. Roma: Armando Editore, 2008.

GHIRARDI, M. L. A. M. (2008a) *A devolução de crianças e adolescentes adotivos sob a ótica psicanalítica*: reedição de histórias de abandono. São Paulo: Dissertação de Mestrado, Instituto de Psicologia, Universidade de São Paulo, 2008. p. 131.

_____; FERREIRA. M. R. P. (Orgs.) *Passo a passo da adoção*. Cartilha da Campanha Mude Um Destino – Associação dos Magistrados Brasileiros. 2. ed. 2008.

_____; FERREIRA. M. R. P; SILVA, M. S. N. *Uma atenção às mães que desejam entregar seus bebês para adoção*. Cartilha da Campanha Mude Um Destino – Editada pela Associação dos Magistrados Brasileiros, s/d.

_____. A presença da Infertilidade no contexto da adoção: Efeitos possíveis na relação pais/filhos adotivos. In: VOLICH, R. M.; FERRAZ, F. C.; RANÑA, W. (Org.). *Psicossoma IV – Corpo, História, Pensamento*. São Paulo: Casa do Psicólogo, 2008.

_____. Algumas expressões do feminino na compreensão da devolução de crianças adotadas. *Revista Boletim Formação em Psicanálise/Instituto Sedes Sapientiae*, São Paulo, ano XVIII, n. 1, jan./dez. 2010.

_____. Origens pessoais e revelação na adoção de crianças. *Revista Brasileira de Medicina – Pediatria Moderna*, ano XLV, mar./abr. 2011.

_____. (2014a) A Relação fraterna na adoção: Algumas reflexões. *Revista Pediatria Moderna*. v. L, n. 3, mar. 2014.

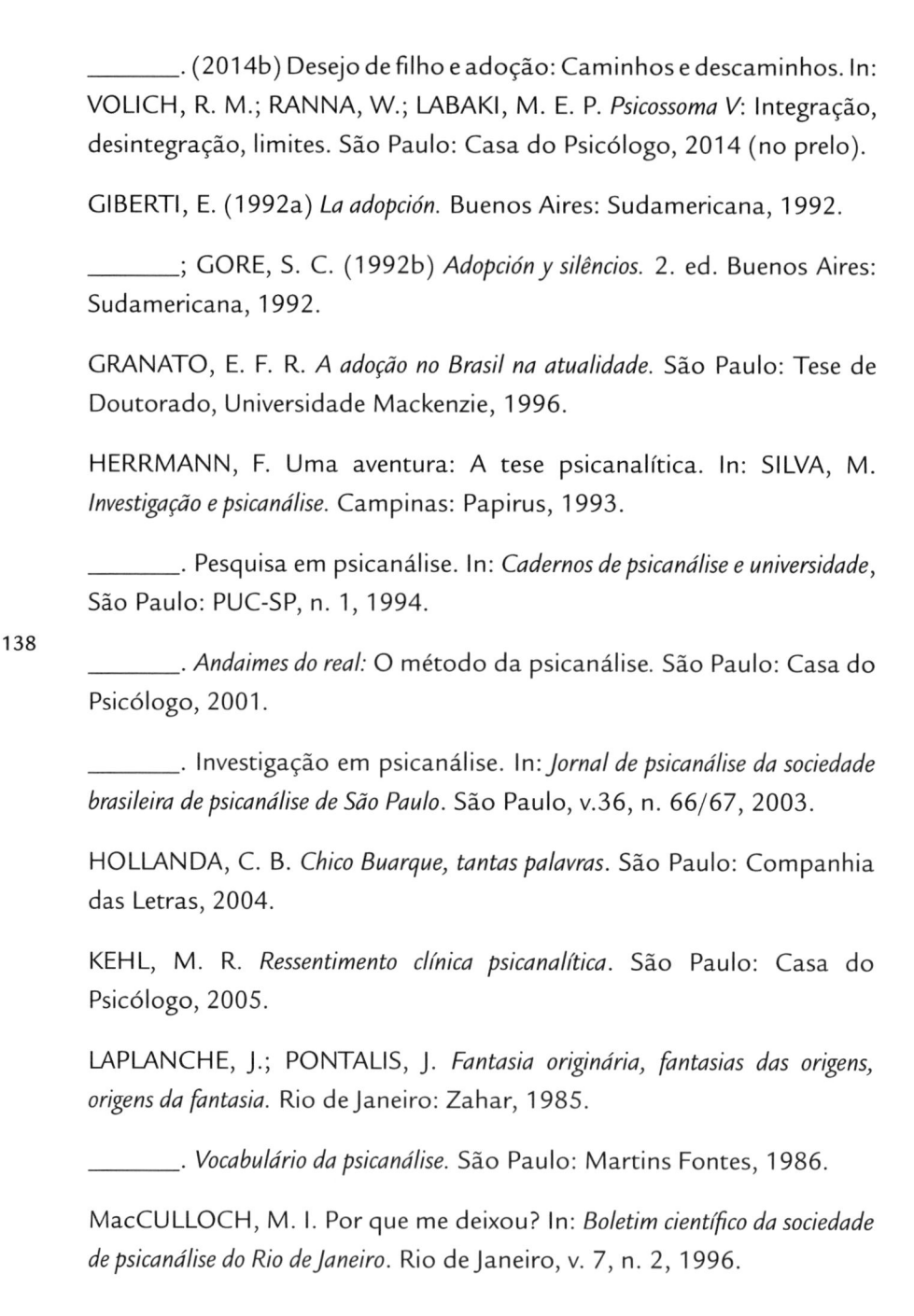

_____. (2014b) Desejo de filho e adoção: Caminhos e descaminhos. In: VOLICH, R. M.; RANNA, W.; LABAKI, M. E. P. *Psicossoma V*: Integração, desintegração, limites. São Paulo: Casa do Psicólogo, 2014 (no prelo).

GIBERTI, E. (1992a) *La adopción*. Buenos Aires: Sudamericana, 1992.

_____; GORE, S. C. (1992b) *Adopción y silêncios*. 2. ed. Buenos Aires: Sudamericana, 1992.

GRANATO, E. F. R. *A adoção no Brasil na atualidade*. São Paulo: Tese de Doutorado, Universidade Mackenzie, 1996.

HERRMANN, F. Uma aventura: A tese psicanalítica. In: SILVA, M. *Investigação e psicanálise*. Campinas: Papirus, 1993.

_____. Pesquisa em psicanálise. In: *Cadernos de psicanálise e universidade*, São Paulo: PUC-SP, n. 1, 1994.

_____. *Andaimes do real:* O método da psicanálise. São Paulo: Casa do Psicólogo, 2001.

_____. Investigação em psicanálise. In: *Jornal de psicanálise da sociedade brasileira de psicanálise de São Paulo*. São Paulo, v.36, n. 66/67, 2003.

HOLLANDA, C. B. *Chico Buarque, tantas palavras*. São Paulo: Companhia das Letras, 2004.

KEHL, M. R. *Ressentimento clínica psicanalítica*. São Paulo: Casa do Psicólogo, 2005.

LAPLANCHE, J.; PONTALIS, J. *Fantasia originária, fantasias das origens, origens da fantasia*. Rio de Janeiro: Zahar, 1985.

_____. *Vocabulário da psicanálise*. São Paulo: Martins Fontes, 1986.

MacCULLOCH, M. I. Por que me deixou? In: *Boletim científico da sociedade de psicanálise do Rio de Janeiro*. Rio de Janeiro, v. 7, n. 2, 1996.

MENEZES, L. C. *Fundamentos de uma clínica freudiana.* São Paulo: Casa do Psicólogo, 2002.

MEZAN, R. Entre as bordas do texto. In: *Tempo de muda.* São Paulo: Companhia das Letras, 1998.

_____. Pesquisa com material clínico. In: *Psicanálise e universidade, cadernos.* São Paulo: PUC-SP, 1992.

_____. *Freud, pensador da cultura.* São Paulo: Companhia das Letras, 2005.

_____. *A trama dos conceitos.* São Paulo: Perspectiva, 2006.

MOTA, M. A. P. Adoção, algumas contribuições psicanalíticas. In: *Direito de família e Ciências Humanas* – cadernos de estudos, São Paulo, n. 1, 1997.

OLIVEIRA, S. V. *Devolução de crianças, uma configuração*: Entre a fantasia da adoção e a vinculação fraturada. Minas Gerais: Dissertação de Mestrado, Instituto de Psicologia, Universidade Federal de Uberlândia, 2010.

PAIVA, L. D. *Adoção:* Contribuições da psicanálise à prática do psicólogo judiciário. São Paulo: Dissertação de Mestrado, Instituto Psicologia, Universidade de São Paulo, 2003.

_____. *Adoção, significados e possibilidades.* São Paulo: Casa do Psicólogo, 2004.

PEITER, C. *Adoção, vínculos e ruptura:* Do abrigo à família adotiva. São Paulo: Zagodoni Editora, 2011.

QUEIROZ, E. F. O "estranho" filho adotivo: Uma leitura clínica do unheimlich na adoção. In: *Revista Latinoamericana de Psicopatologia Fundamental*, São Paulo, v. VII, n. 4, dez. 2004.

_____. Escutando pais adotivos. In: *Anais II congresso internacional de psicopatologia fundamental.* Disponível em: <http://www.

fundamentalpsychopathology.org/anais2006/4.60.3.1.htm>. Acesso em: 31 out. 2006.

RENZI, C. La devolución. In: GIBERTI, E. *Adopción hoy*. Buenos Aires: Paidós, 1997.

ROCHA, M. I. M. *Crianças "devolvidas": Os "filhos de fato" também têm direito?* Reflexões sobre a "adoção à brasileira", guardas de fato ou de direito malsucedidas. Trabalho apresentado no III encontro de Grupos de Apoio à Adoção, Florianópolis, 1998. Disponível em: GOOGLE/ Devolução. Acesso em: 16 maio 2007.

ROSA, M. D. O não-dito familiar e a transmissão da história. In: *Psychê: revista de psicanálise, Unimarco*, São Paulo, ano V, n. 8, nov. 2001.

ROUDINESCO, E.; PLON, M. *Dicionário de psicanálise*. Rio de Janeiro: Zahar, 1997.

SAMI-ALI, M. *Cuerpo real, cuerpo imaginário*. Buenos Aires: Paidós, 1996.

SILVA, M. S. N. *Em busca do elo perdido*. São Paulo: Dissertação de Mestrado, Instituto de Psicologia, Universidade de São Paulo, 2001.

_____. *Bendito o fruto do vosso ventre*. São Paulo: Tese de Doutorado, Instituo de Psicologia, Universidade de São Paulo, 2007.

_____. *Construindo vínculos entre pais e filhos adotivos*. São Paulo: Primavera Editorial, 2011.

SIGAL, A. Algo mais que um brilho fálico. In: *Figuras clínicas do feminino no mal-estar contemporâneo*. Alonso, S.; Gurfunkel, A. C.; Breton, D. M. (Orgs.). São Paulo: Escuta, 2002.

SPINA, C. *Algumas reflexões sobre a devolução no processo de adoção*. São Paulo: Dissertação de Mestrado, Instituto de Psicologia, Universidade São Paulo, 2001.

TARDUCCI, M. (Org.) *Maternidades en el siglo XXI*. Buenos Aires: Espacio Editorial, 2008.

YAMA, R. *Os pais adotivos:* Preconceitos, fantasias, fatores motivacionais inconscientes e suas implicações na formação do sintoma da criança. São Paulo: Dissertação de Mestrado, Instituto de Psicologia, Universidade de São Paulo, 2004.

VARGAS, M. M. *Adoção tardia.* São Paulo: Casa do Psicólogo, 1998.

WEBER, L. *Pais e filhos por adoção no brasil.* Curitiba: Juruá Editora, 2001.

©2015, Pri Primavera Editorial Ltda.

TÍTULO **Devolução de crianças adotadas: Um estudo psicanalítico**
©2015, Maria Luiza de Assis Moura Ghirardi

Publicação realizada por meio de parceria entre o Departamento Formação em Psicanálise do Instituto Sedes Sapientiae e a Primavera Editorial
Coordenadora da Comissão de Publicação do Departamento de Formação em Psicanálise do Instituto Sedes Sapientiae ALINE C. TURNOWSKI

Equipe editorial LOURDES MAGALHÃES E LARISSA CALDIN
Preparação MÔNICA VIEIRA/PROJECT NINE
Capa LARISSA CALDIN
Diagramação FRANCISCO MARTINS/PROJECT NINE

Dados Internacionais de Catalogação na Publicação (CIP)
(Câmara Brasileira do Livro, SP, Brasil)

Ghirardi, Maria Luiza de Assis Moura
 Devolução de crianças adotadas : um estudo psicanalítico / Maria Luiza de Assis Moura Ghirardi. -- 1. ed. -- São Paulo : Primavera Editorial, 2015.

 ISBN 978-85-61977-87-0

 Bibliografia.

 1. Adoção 2. Adoção - Aspectos psicológicos 3. Crianças adotadas 4. Pais adotivos 5. Psicanálise 6. Psicologia clínica I. Título.

 15-04926   CDD-155.445

Índices para catálogo sistemático:
1. Adoção : Crianças adotadas : Psicologia infantil 155.445

PRIMAVERA
EDITORIAL

Av. Queiroz Filho, 1700 Vila B 37
05319-000 – São Paulo – SP
Telefone: (55 11) 3031-5957
www.primaveraeditorial.com
contato@primaveraeditorial.com

Todos os direitos reservados e protegidos pela lei 9.610 de 19/02/1998. Nenhuma parte desta obra poderá ser reproduzida ou transmitida por quaisquer meios, eletrônicos, mecânicos, fotográficos ou quaisquer outros, sem autorização prévia, por escrito, da editora.

DEVOLUÇÃO DE CRIANÇAS ADOTADAS: UM ESTUDO PSICANALÍTICO

foi impresso em São Paulo
pela gráfica Graphium
para Primavera Editorial em agosto de 2015